燧人氏
—— SUI REN SHI ——

为你钻取
智慧之火
Get the fire of wisdom for you

燧人氏
SUI REN SHE

人文智慧译丛

100 个最脑洞的哲学故事

（意）罗伯特·卡扎迪

（意）阿吉尔·瓦其　著

陶慧慧　译

SPM

南方出版传媒

广东人民出版社

·广州·

图书在版编目（CIP）数据

100 个最脑洞的哲学故事／（意）罗伯特·卡扎迪，（意）阿吉尔·瓦其著；陶慧慧译. —广州：广东人民出版社，2019.8

ISBN 978–7–218–13739–1

Ⅰ．①1… Ⅱ．①罗… ②阿… ③陶… Ⅲ．①哲学—通俗读物 Ⅳ．① B–49

中国版本图书馆 CIP 数据核字（2019）第 145052 号

100 GE ZUI NAODONG DE ZHEXUE GUSHI
100 个最脑洞的哲学故事

（意）罗伯特·卡扎迪 （意）阿吉尔·瓦其 著 陶慧慧 译

版权所有 翻印必究

出 版 人： 肖风华

选题策划： 钟永宁 汪 泉
责任编辑： 汪 泉
文字编辑： 刘飞桐 于承州
装帧设计： 八牛工作室
责任技编： 周 杰

出版发行： 广东人民出版社
地 址： 广东省广州市海珠区新港西路 204 号 2 号楼（邮政编码：510300）
电 话： （020）85716809（总编室）
传 真： （020）85716872
网 址： http://www.gdpph.com
印 刷： 广东信源彩色印务有限公司
开 本： 889毫米×1230毫米 1/32
印 张： 10.75 **字 数：** 130千
版 次： 2019年8月第1版 2019年8月第1次印刷
定 价： 59.80元

如发现印装质量问题，影响阅读，请与出版社（020–85716808）联系调换。
售书热线：（020）85716826

目　录

图像有时候可以作为语言的完全替代：它是标识，是艺术品，是一个寓言故事；但是大多数时候它又如此模糊，让人琢磨不透，开启很多可能和不确定。但是有一点可以肯定：没有语言就没有办法做数学研究。是语言给了数字以称呼，给了逻辑的基础。

第四章……………………………………… **148**

　　无论是网上世界还是外星太空，我们对未知事物的探索以自己现有的认知为基础，既省下了很多麻烦，也可能闹出很多笑话，出其不意的反向思维给认识世界的方式提供了另外一种维度。毕竟人的喜好天差地别——你永远是别人世界的外星人。

第五章 ………………………………………………… **209**

从最长的词语，到简短的标语；从否定、双重否
定和多重否定，到精巧的牛津逗号：只要你够厉害，
一本书可以只由一个句子组成！这就是语言奥妙。

第六章………………………………………… **256**

没有发生的事和我们的生活有关系吗？人们需要为没有做的事情负责吗？不作为可以发挥人的主观能动性吗？世界是一个整体，海里少一滴水，勃朗峰都可以变高一点点。人生也是一个整体，我们的努力奋进和我们的无所事事都是人生珍贵的部分。

你是自己世界的主人吗？如果你的大脑是最高级的3D打印机，能够把看到的画面和文字编织成最美丽的世界，那么梦中的世界是否才是最纯粹的？但是脱离了人类真实世界的纯粹思想，却永远无法拥抱爱。最终，我们会陷入了语言逻辑的漩涡。

第一章

翻转世界

大家好，我自我介绍一下吧：我会翻转世界。我知道，很少人听说过这个，大家都这样。那就把它看做你们无意识的一个标志吧——无穷无尽、漫无边际的无意识。就拿现在举个例子吧，你正在读书，过一会儿你会从冰箱拿一瓶啤酒出来，天气很热。所有发生这一切好像和我没什么关系，这我懂，傻人有傻福。我不费吹灰之力就可以让你们消失，你们对我来说也没有多么重要，我想你们对于自己来说也并不重要。你们从我的世界消失，我从你们的世界消失，到此为止。你们会在另外一个没有我的世界里继续生活，我当然会在一个没有你们的世界里继续生活。事情就会如此结束，每个人都有选择自己道路的自由，但这不一定会发生。再说了，你也不会知道到底发没发生。

个中妙处在于，看起来只有我翻转了世界，真的。其实每个人都可以翻转世界。可你看看，只有我朝着翻转的开关迈出了一步。你问我怎么知道？我知道，我就是知道。翻转者目光中那种特有的不确定性，我时常看到，这是真的。有时候，对，时不时地，有一位女士在路上拄着拐杖蹒跚前行。我看到她在正前方遇到一个柱子，然后右拐避开了。她总会向右拐。这太难以相信了，你懂吗？总往右。实际上她是假装的。

我把你们的世界翻转后，丝毫都不知道后面会发生什么。我无法预知，我根本就不关心未来，我只管按下开关就够了。我从很小就开始这么做了，当然也闯了不少祸——如果你非要钻牛角尖的话。现在请听我细细道来。

开始是这样的。你正前方是一个水池，并决定要从右边绕过去。接着你问自己，从左边绕是不是更好。实际上，这对你来说完全不重要。但正当你准备向右走的时候，你看了一看，最后却转向了左边。多奇怪的想法啊！所有的一切本来都定了，你要朝右走，但突然一下子，你想朝左。这到底是什么想法？这不，你从左边走了。

要是后来这个小把戏一直重复，那事情就看起来很奇怪了。你又从右边绕过了一个水池，或者一个柱子。你突然想到自己可以翻转，也就是可以从左边走，正如之前发生过很多次的一样。

可是这一次，你看，你还是想从右边走。你会怎么做呢？噔噔！你又从左边走了。你有时候诚心在思索到底要从哪边走，你一开始是不知道的，好像有人替你做的决定。这个时候你成了一名真正的翻转世界者。就像掷色子。噔噔！这次你从右边走。

这和你有什么关系呢？你思索着。当然和你有关系，有很大的关系，相信我。如果我只是一个普通人，我就不会翻转世界，只能随机通过——不会思索半天，也没有这些繁文缛节。来吧，赶紧的，右边还是左边，如风一般无忧无虑。但事实不是这样的，这个阻碍确实存在。思路被堵塞了，事情的发展方向也变了。无忧无虑的我，通过了……不，我不是无忧无虑的。世界也确实变了。

也许说世界变了并不能解释清楚这件事。不是说世界上产生了新的东西，丝毫不是这个意思，是我们跳入了另外一个世界。也就是说，我们跳入了那个我从左边绕的世界。你也是，不仅仅是我。那个我从右边走的世界，噔噔！不见了，看不到了。我自己看了一辈子的世界，可是最后我发觉，我本可以再也看不见它。这就是我们之间的区别。其实我是从左边走的。我走向水池的时候就看到了这样的结果，五秒、四秒、三秒……噔噔！

如今你也在另外一个世界里了。那里没有我，我在一个没有你的世界里继续生活。就这样结束了吗？也许吧。可是我已经开始有一点想念你了。我当然希望你能够听见我的声音，读到这份问候。

形而上眼镜

他（从电影院出来）：电影不错。我不是很喜欢3D，但也承认如今3D效果做得很专业了。这副小眼镜儿太神奇了，我很高兴能留着它们。

她：留着做什么？我们家里又没有3D电视。

他：什么电视？我用它来看世界，看现实！我想增强我的感官。

她：什么意思？它只能让你看到的东西变得更暗。

他：什么？这不是3D眼镜吗？

她：没错啊，我们刚用过。

他：那这眼镜能做什么？

她：你是问它的功能吗？

他：不是，我是问你它能做什么。

她：呃，就是让你看的二维图像显示成三维啊。

他：所以……

她：所以什么？

他：所以增加了你感官的维度。

她：我不知道你想要说什么。

他：很简单。这眼镜增加了你感官的维度，因此如果你看三维的景象，就会看到4D！我现在就试试。

她：等等。没有人拦着你做实验，我自然也不会贬低经验方法的重要性。可你行动之前就不能好好想一想吗？

他：太晚了……好失望啊，看到的东西和之前一样，不是四维的。一切都暗了一些，没别的了。

她：当然啦。这可不是什么用来增强感官的通用小机器；它据称可以欺骗你的视觉皮层，让你看眼前的空间和物体的时候出现幻觉。总而言之，别泄气，如果你之前没有认真考虑过，还可以想象一下真正的形而上眼镜可以做些什么。

他（很伤心但充满希望状）：比如说？

她：比如说，你想想，如果想要用你的形而上眼镜得到2D的图像，你应该看什么？

他：比如一个一维的物体？因为它会给我的感官增加一个维度。

她：正是如此。这就是你要的例子。你的喷墨打印机就好比装着一副形而上眼镜，它"读取"一个字符串，一串零和一组成的序列，打印出来后你可以看见一个二维的图像。而挤出式3D打印机可以直接跳过中间过程，一举从一维到三维。

他：我有一个美好的想法。有一天我们甚至可以戴上眼镜，读到书上一行字就能"看见"那些三维的历史景象和人物……

她：也许吧。你总是在追寻神奇的科技创新。你喜欢走捷径。但是请相信我，如果你想要有美好的想法，不如从家里的书架上取一本好书，坐在沙发上开始阅读。你就会发现自己的大脑更有用：它把26个字母的组合变成了图像、音乐、颜色、故事、激情和感觉。你会留下真实的眼泪，你会开心得露出8颗牙齿。

相对谎言

她（低头看书）：下雨了。

他（探出窗外）：一点儿没下，太阳特别大。骗子！

她：我不是骗子。是广播预报说的，我真的以为下雨了。

她（过了一会儿）：下雨了。

他：又来这一套？（又探出身；回来的时候头上湿透了）我的天，这次你对了……

她：真的吗？我真的以为不下雨。

他：那你为什么说下雨了。

她：我想骗你，是为了报复。你刚才叫我骗子，你就该被骗。

他：但是你没说谎话，你说的是事实。现在真的下雨了。

她：不，我骗了你，就算你没法意识到。正如承认一件错误的事情不是撒谎（刚才，我说下雨了，我是真诚的），承认一件真实的事情也不是讲真话（我现在不真诚，就算我说的话结果是真的）。

他：我懂了。不是事实决定你是不是骗子；而是你的想法。

她：正是如此。撒谎不是说出和真实相反的，而是说出和想法相反的。

他：确定是这样吗？知道是假的而说出假的，相比说出和自己想法相反的，这可大不一样。我觉得只在第一种情况你撒谎了；第二种情况，你仅仅是不真诚。如果我们不承认这个区别，那就不会发生想要说谎却不成功的事情了；同时我觉得，说"觉得自己在说谎，不自觉中说出了真相"是很有道理的；我无法理解"在说谎，却说出了真相"。

她：除非搞不懂自己相信什么。总之，或许你是对的。摩尔悖论（paradosso di Moore）讲的就是这个：坦白地声称"下雨了，但是我不相信下雨"是没有意义的。

好事者（进来，深情肃穆状）：我所见过的事物，你们人类绝对无法置信。我目睹了战船在猎户星座的端沿起火燃烧，我看着C射线在唐怀瑟之门附近的黑暗中闪耀。所有这些时刻，终将随时间消逝，一如泪水，消失在雨中。

他：我的天呐，你旅行这么多次吗？你在哪里看到的这个唐怀瑟？

好事者：什么？其实我从来没有去过唐怀瑟，我甚至不确定这个地方到底存不存在。

她：其实它不是一个城市，而是瓦格纳（Wagner）的一部歌剧。

好事者：更别说C射线了……

他：那您就是在撒谎，反正是不真诚的。我们刚刚说好了，如果你不相信自己说的话……

好事者：撒谎？不真诚？你好大的胆！

他：您说自己不相信唐怀瑟之门的存在，却还声明自己去过。

好事者：我可没有声明过这样的事情。我说自己看见了C射线在唐怀瑟之门附近的黑暗中闪烁的时候，可不是声称任何事。

他：说出来却不算声称，这怎么可能？

好事者：我正为《银翼杀手》（Blade Runner）剧场版的海选练习呢。朗诵台词的时候说的话可多了，这可不是在声称什么。这还用说吗？如果演员在场景里说"一枚炸弹要爆炸了"，您也要从电影院逃走吗？

他：所以说，仅仅说出和自己想法相反的不是撒谎，也不是不真诚；而是要作出一个声明。

她：同意。不过舞台上的演员也并不是什么都没有声明。您的话也都是声明，只是在一个不同于现实的语境下而已。况且另外一个演员也可以对您说："这不是真的，你在骗我！"

好事者：显然是这样的！

他：所以说声明是相对的？

她：它是和语境相关的。发言相对于特定的对话者可以被当做声明，可这并不意味着对所有人来说都是声明。

他：那如此说来撒谎也是相对的。说出的话可能对甲来说是撒谎，对乙来说就不是了，只需要说的话仅仅对于甲来说是声明就够了。

好事者：对的，但要注意，甲和乙不一定是不同的人。这是因为一个演员可以指责另外一个演员撒谎，这是在诠释人物。现实生活中也是这样，我们每天的生活，请好好听我说，我们的生活就是一场持久而复杂的表演，每个人诠释不同的人物。不是我们撒谎，而是他们！

朱丽叶之死

他（低声状）：醒醒！朱丽叶死了。

她（打了个呵欠状）：哦……谢谢。假死还是真死？

他：什么意思？

她：我想知道她是假装死了还是真的死了。很好理解啊，不是吗？

他：我们在剧院呢。剧院里面没有人真死。所以她是假死。她是一个演员，她只是假装自己死了。

她：什么意思？你就告诉我她是被毒死的还是刺死的吧。

他：毒死的。

她：你都没好好看剧。我给你讲讲——刚才就算睡着了我都听明白了——劳伦斯神父（Frate Lorenzo）给了她毒药，对吧？它是一种麻痹性的安眠药，可以让人睡上几天，这样一来大家都以为她死了。后来朱丽叶真死了，是用一把匕首自杀的。所以此刻她仅仅是假死。

他：仅仅？我不觉得有区别。她假装被毒死和假装被刺死是一样的。女演员又没死。

她：这和女演员有什么关系？我说的是朱丽叶！现在朱丽叶假死，过一会儿她真的会死。女演员假装被刺死，但是没有假装被毒死：她假装自己假装被毒死。如果你分不清构建的世界和真实世界，你最好根本不要进剧院。

他：我要是假装自己在假装，那我做的不正是我假装自己假装的事情吗？假装自己在假装就像双重否定，这等同于做一个声明？

她：大错特错。若是如此，你连讲一个故事里的人在讲故事，故事讲的是故事里的人在讲故事的这个故事都说不了了……你会在构想与现实之间弹来弹去。但其实不是这样的，虚构可以随性重复，甚至可以说是无穷无尽的。

他：要是如你所说，我们不就是一系列虚构的一环吗？我们以为自己在现实中，正如朱丽叶以为自己在她的现实中。或许我们才是别人故事中的主人公（或者小角色），而这个别人也是另外一个人故事中的主人公，如此循环往复，无穷无尽。

她：你这不仅仅是无法分清虚构和现实了。现在你连理智都丢了。朱丽叶不会"觉得"如何如何，而你我才会觉得。朱丽叶不是一个有血有肉的人。她不是真实的。这我确定。

他：朱丽叶说自己对罗密欧有爱意。

她：故事这么说的，可这些只是台词。

（舞台上一阵骚动。饰演罗密欧的演员转向观众）

演员：大厅有谁是医生吗？这位女士昏迷了！

他（站起，激愤地对演员）：不好意思，她很明显是在演绎自己的死亡啊！拜托，别出戏！

演员（弯下腰看着朱丽叶）：可是……她死了！这

位女士死了！真的！

她：太惨了！女演员在舞台上失去了生命。

（骚乱，保安来了，一个大胡子医生跳到了舞台上。女演员起身，向观众扔了一支玫瑰，大家都松了一口气）

女演员：不是的，不好意思，太不好意思了。今天是我的最后一场戏，我想要给每一个人问好。这么多年我一直假装自己假装死，今天晚上我终于假装自己真的死了。

（掌声）

"碌碌"无为

他：我走在一条路上，路两旁都是宏伟的大厦。我左边的楼整个表面布满了湿壁画。隐约可以看到命运之轮（la ruota della Fortuna），骑马的马尔科·库尔齐奥（Marco Curzio），还有穆齐奥·谢沃拉（Muzio Scevola）与卢克雷齐娅（Lucrezia）的奉献，典雅的四联窗凸显了石材结构的优越性。再往前面一点儿是一座新古典主义建筑，有四层，双排多立克柱，拱门入口，窗户带拱楣、护墙、浅浮雕和中楣，居中的巨大徽章上描绘着一只鹰，它

展开双翅、头顶皇冠、双爪歇在同样是多立克式的廊柱
上。我右边的另外一座建筑有巨大的木门，木头上精细
地雕刻着狩猎场景，旁边是一座文艺复兴时期的华美建
筑，有两种古典柱式，上面装饰着高耸的小塔，点缀着浮
雕、檐篷以及标志十二个月和四大元素的徽章。你应该看
看那华美的画面。连路面都很漂亮，鹅卵石和一排排花岗
岩组成精致的"菱形花纹"。接着，忽然之间，我发现
自己身处沿着奢侈品店铺的玻璃橱窗而建的门廊中：银
器、陶瓷、珠宝、高级时装、古董书籍、昂贵的围巾和手
帕、进口雪茄……一场真正的视觉盛宴。门廊尽头连着一
片宽阔的圆形广场，我缓慢地穿行而过，同时欣赏着完美
的天际线。我来到了广场的另一边，走进了一个剧院。剧
院的立面非常现代，就连内部的楼梯和走廊的设计都源自
于更加先锋主义的几何建筑结构。一切都是白色的，光影
的游戏却考究到极致。我坐在后排包厢。不一会儿灯熄灭
了，乐团开始演奏引人入胜的序曲。一位我不认识的作曲
家写下的旋律缓缓舒展开来，好似每一个音符都被其他音
符深情款款地拉动着，朝向自己的目的地，融入到无形的
图像里和无限的情感中。和弦在汇入不必要的主题发展之
前，仿佛中了什么魔法，陷如一段无比丰富的剧情里，每
一个度过的时刻都好似彰显着放弃的意味，只为了不丢失

看起来已经展示的一切，而是在安静的怀中沉默地裹着毯子躺下……

　　她：然后呢？

　　他：然后就没有。你踢我一下然后……噔噔！我醒了。梦没了。

　　她：不好意思。我觉得我真该给它道歉。

　　他：给它？你要给谁道歉啊，竟然不是给我？

　　她：给你的大脑。你意识到在这个梦里它有多么辛苦吗？它努力地创造了建筑、湿壁画、徽章、雕纹木门、摆满奢侈品的橱窗，铺齐的路面、广场、天际线、剧院内饰……还有音乐，你和我描述的那段美妙而陌生的音乐。这一些都是你大脑创造的成果。多么不可思议的作品，好好想一想，最伟大的艺术家才有这样的才华。

　　他：我确实没有这个能力。

　　她：你的确不行。它可比你要强多了！

锡纸女人

科马基奥报，三月九日报道

　　锡纸女人是在昨天下午夕阳西下，一阵雷雨之时出现的。船上的几个游客看到了水面喧腾的气泡，很快这个生物就出现了。尽管导游安抚说这个生物是无害的，尽管这个生物本身也发出了友好的信号，游客还是慌乱划桨，试图逃走。众所周知，我们的山谷土壤肥沃，这里每个世纪都出现三四次此番景象，一些合群的神话生物显现。之前出现的这个还在世的"家族"的成员有六十岁了，在首府的南郊安度晚年。过几日，会发布一个确认锡纸女人年纪的报告。

发件人：罗西（Rossi）专家，三月十日

收件人：户口登记处

兹证明锡纸女人健康状况良好。特证明她和正常女人别无两样：深色头发，浅色眼睛，身高一米六五……另外调查结果确认她的形成完全是意外。这是一系列超常环境作用的成果，不同的有机分子合成在锡纸里并因为特殊的环境和气象条件组成了一个女人的身体。根据生物识别数据，年龄为二十六岁。

发件人：户口登记处，三月十日

收件人：罗西专家

我们检查了锡纸女人的生物识别数据和照片，发现和档案室里另外一个人完全一致，玛格丽特·罗塞拉

（Margherita Rossella）女士。能麻烦您确认一下吗？

科马基奥报　三月十一日报道

这是见证奇迹的时刻。锡纸女人的双胞胎姐妹是人类父母所生！两个女人长相相似——请原谅这个比喻——就像两珠水滴，在基因组成上别无二致，专家罗西是这样说的。更令人惊奇的是，锡纸女人和她的双胞胎姐妹口音一模一样，并且记得所有发生在玛格丽特女士身上的事情，分毫不差（但只截至三月八日——女人在锡纸中成型的日子；那之后两人的记忆就分道扬镳了）。她甚至自称玛格丽特·罗塞拉。罗西认为，这个事情很好解释：三月八日晚上她出现的时刻，锡纸女人是玛格丽特女士身体的完全相同副本，每一个原子、每一个神经元都一样。她甚至在那个时刻应该有和玛格丽特女士一模一样的认知和能力，就算她没有这位女士的任何经历。三月八日之后，两位女士开始有不同的经历，而她们精神生活也开始一点点产生分歧。

锡纸女人日记节选

三月十二日

今天医生们看到我写字都惊呆了。他们每次看到我做什么事，都以为那是第一次，不敢相信我"已经"如此熟练了。我记得我从小就开始学习写字了。我知道，我不应该说"记得"。今天下午我看到了我的"双胞胎姐妹"和"她的"父母一起来看我。直到那时我才承认医生们给我讲的故事是真的，我是生物成分意外组成的。那么我所有的记忆都是虚幻的？我的名字不叫玛格丽特·罗塞拉；我没在那所可以看得到家里窗户的学校学习过；我不是那个不久前来看望我的男人和女人的女儿，虽然我很快就认出了他们；我从来都没有拥抱过我的爱人——其实我叫他们不要来看我，不要打扰我；而恰恰是这点让我煎熬。我的爱人，我再也没有办法见到你了。或许，甚至更糟糕，或许我应该说：爱人，我的爱人，我永远都无法见到你。

新基因僵尸疗法

执行官：尊敬的主席女士，女士们、先生们，该发生的已经发生了！将僵尸安眠药（Sonnifero Zombie）商业化是不够的，你们也记得，它会让人失去意识，行为却不受影响。我们社区为了找寻更大程度的平静和效率，从来都不曾懈怠过有关新基因僵尸疗法的实验。若能避免与同事间无聊的对话以及免受邻居的骚扰，这令人再舒心不过了。像僵尸一样承受这些或许更好：不必保持清醒就可以说话、讨论甚至提建议，表现自己对社会重要活动的参与。也许是这样，但是我不想这句话成为行动⋯⋯

主席：同意。请延迟注册。

执行官：⋯⋯或许我们政府对一代又一代的人民采取的压迫政策解释了为什么我们市民越来越多地选择放弃拥有一个清醒的人生。现在我们一半以上的人口——你们没听错，一半以上的人口——十分坚决地拒绝了保留意识。昨天晚上六点半超过了半数。

主席：这个结果是如何得到的，26号执行官？请帮委员会回忆一下。

执行官：基因治疗中心（Centro di Trattamento Genico）如实记录了所有僵尸化手术。理论上说来我们可以确认每一个放弃意识的实验对象。

主席："理论上来说"是什么意思？

执行官：我要告诉大家一个尴尬的情况⋯⋯也可以说是令人遗憾的。

主席：请讲。

执行官：登记簿⋯⋯是的⋯⋯登记簿昨天晚上被偷走了。正因如此，我才召开了这次特殊紧急会议。

长官1：这也太令人难以置信了。怎么会发生这种事情？登记簿没有被保存在一个安全的地方吗？

执行官：我们有充分的理由相信自由派非政府组织"幽灵"（Fantomasques）在土建工程部（Ministero dell'Opera Civile）安插了一名间谍。

长官2：间谍？没用的人才会允许这么大的损失发生。

主席：肃静。如今纠结意外发生的原因已经毫无用处了。这次盗窃会造成什么样的后果？

执行官：好的。有两个后果。第一个是"幽灵"揭露所有接受过基因疗法人的身份信息。如果出现了这种情况，那些以为可以逃离一切社会交流之苦的人会沦落到面对可怕的公众制裁和羞辱。僵尸疗法的优势正在于没有人意识到经历过基因修改的人是一个僵尸；其实他们和正常人举止完全一样，会回答问题，会提出一个更进一步的相关问题，诸如此类。我举一个例子吧，如果大家知道这位长官是一个僵尸……

长官2：大胆……

执行官：……这只是举个例子。但是您的反应证实了我们每一个人如果发现我们的同事、甚至我们的亲人，都好像在无限长眠的时候，都会激发这样的感情。我们一直对注册簿进行保密也是有原因的。

主席：那第二种可能呢？

执行官：他们会销毁注册簿。这会解决羞辱问题，但会引发一个更严重的问题。我来解释一下。审讯过程中，土建工程部需要告知法官们被告人是否是僵尸。

主席：这样做的目的是？

执行官：这属于一般减轻处罚的情节。僵尸应对刺激的方式确实和我们一样，他们会动，也会为自己的行为辩解，诸如此类。但是由于法律的晦涩传统，一直将非完全意识视为减轻处罚情节。比如说，如果一个人在梦游状态下偷盗，可以被部分赦免，减轻刑罚。这种情况也适用于僵尸。如果注册簿被销毁，我们就无法得知可以赦减谁的刑罚了。

主席：如果不参照注册簿，就没有其他办法确定一个人是不是僵尸了吗？

执行官：僵尸基因疗法之所以是一个巨大成功，正是因为没有方法将僵尸和其他人区分开来。我本来想说"和正常人区分开来"，但是从昨晚开始正常的定义变了。

主席：2号长官，您在做什么？为什么您身上别着这么多手枪？

长官2：我无法忍受这种情况；每遇到一个类似人带

来的不确定感都太令我煎熬。僵尸安眠药可以免除我的这种痛苦。反正对于你们来说这也不会有什么区别。

执行官：可是……怎么会……我正好昨晚看了一下注册簿，我很确定您——2号长官——已经接受了基因治疗。您已经是僵尸了！

长官2：也许吧。

终于可以了

她：这真是一个丑闻，你不觉得吗？

他：什么事呀？

她：这个养老院的广告："快乐黎明养老院（Casa Alba Lieta），终于可以有家的感觉。"

他：哪里不合适了？

她：这是篡权啊，好像这个养老院真的可以取代你在的家里和父母在一起的那种家庭生活……这难道不是虚假广告吗？

他：说实话，广告可没说你会有家的感觉。它说的是在快乐黎明可以有家的感觉。或许你根本永远都感受不到，但是这个可能性是存在的。

她：但是它想说的肯定不是这个意思。广告的要表达的就是在那里你会有家的感觉。看看这张照片：面朝花园的房间、温馨的灯罩、拼接木地板……

他：好吧，它们也不赖啊——相对于氖灯和油毡来说。无论怎么样，想正式地抗议他们要表达的意思也很难。得到的回复让你自己看看，白纸黑字写着呢：这里只写了"可以有"。

她：同意。但是我的重点不是这个，而是可能性这个概念有些被滥用。

他：我注意到这种你说有些泛滥的用法，这篇杂志里面有不少广告用了。"驾驶马克修（Motcmaxu）摩托，终于可以有飞一般的感受。"你再看看这个："终于可以不节食减肥了：请购买轻食（Dietolean）。"

她：有问题的是这个副词——"终于"，这个词到底想要说什么？莱布尼茨（Leibniz）写《单子论》（Monadologia）时或许真的可以有飞一般的感受。终归说来，这些事情总会是可以的：昨天可以，今天可以，明天也可以。总会是可以的。

他：这个解释排除了虚假广告的情况。或许我们应该把这类广告归到一个新的类别。这广告是不言而喻的，而不是信息性的。

她：对，是建议性的，而且这个建议还具有误导性。那么我们如何自证合理性呢？你要知道，俗语"胸中有数就能避免受骗"不起作用……

他：我觉得反抗的唯一方式就是利用我们竞争对手的力量，开展一场真正的反广告运动。

她：例如说？

他：听听这个："快乐黎明养老院，一个终于可以感受到孤独和被抛弃的地方。"或者"驾驶马克修摩托，终于可以有窒息的感觉。"或者还有"终于可以不节食就两周增重二十公斤了：请购买轻食。"

她：我已经可以感受到相当于一个团的律师正在写警告函。你损坏了所有这些产品的声誉。

他：我撒谎才能损坏声誉。我可没有撒谎。在快乐黎明养老院十分有可能感受到孤独和被遗弃。没有人说你真的会感觉孤独和被遗弃。

她：律师要想反驳你，就得证明在快乐黎明养老院是不可能感受到孤独和被抛弃的。你说得对！

他：还有呢，就算感受到的是孤独和被遗弃，可是如果连一刻自由感受的时间都不给我，我就有充分的理由给快乐黎明养老院寄律师函，如果他们真的觉得有方法可以限制我的这项自由——这种情况完全是可能的——那就说明他们对自己的客人使用强制手段！

不法之墙

他：墙做好了。你喜欢吗？

她：墙挺好，没有什么能挑剔的地方。恭喜你把砖头砌得如此精准，它们构成的几何图形好像是电脑做出来的。

他：我知道你会喜欢。

她：我想问一下，你为什么砌墙呢？这个时代大家都想建造用来分割的墙，但其实我们需要的是打开窗户，建造桥梁。

他：这是一个哲学试验。我想要验证一件事物可以是自己的一部分。

她：这个主意可不怎么样。不可能的事情怎么证明？没有事物可以是自己的一部分——如果"这一部分"并不等于全部的话。这是由定义得出的一般规律。

他：这正是我准备要做的。最近的相关研究完全有可能找到一个你那个规律的反例，这面墙就是论据。

她：请解释一下。

他：确实不是特别好理解。我用原子能变小器皮高力特（Pikolit）及其配套设备建造了时间发送公司（TimeSend）的时间穿梭机。我昨天早上砌好了墙——也就是周六——用了整整五百块方砖。接着我用皮高力特将所有的砖缩小到一个砖的尺寸。下午的时候我把这块"砖"放进了时间发送器，把穿越的目的时间设定为前天（周五上午10点）并且启动开关。

她：那之后你周六用了那块砖头，和其他499块砖头一起，砌起了那面墙……

他：完全正确。我们谈论的那块砖成了自己的一部分，是墙的组成部分，同时它也是一块砖。

她：这个实验有点奇怪。

他：它纯粹而简单地验证了一种可能性。它很可能——其实可以说已经确认了：你面前的这堵墙就是论据——能证明你说的一般规律是错误的。在某些情况下，其实是在特殊情况下，一件事物可以是自己的一部分。

她：我可没有这么确信。我们用m代指你说的砖头，那么整堵墙的话，我们用M表示，那m就是M。因此m不是M的组成部分，这种情况下部分和全体相等。规律依然正确！

他：可是你也承认，在直觉上，m和M明显不一样。首先，一块砖比一堵墙要小……

她：是，也不是。作为砖头来说是小一些，可作为墙来说是一样大的（因为砖头就是墙）。就好像是说，砖头和墙质量不一样，但是数量相同。可如果数量相同，那么就不是自己的一部分了。

他：你这是承认了我的说法：砖头确实有一种比墙小一些的感觉，也就是比自己小。我觉得这已经算取得阶段性的成果，因为我相信存在规定没有事物可以比自己小的"一般规律"。

她：那么我们可以说在某种意义上，同一个事物可以在自己左边，或者在自己上面，甚至在自己旦面？

他：当然了，如果你想的话我可以给你证明，稍微改变一下实验就可以……

她：你不觉得这样很不尊重语言？你说"……的一部分"、"比……小"、"在……的左边"等等表达方式都可以有反身用法，而我们只学了非反身的用法。

他：是的。但是这只证明了我们赋予这些表达方式的意义是错的，是过于严格的。如果你愿意，也可以说我们赋予的意义是过于天真的，没有考虑到一些特定的可能性。物理证明了很多普通用语的表达方式在术语上不严谨，比如我们说两件物品挨在一起，或者两件事情同时发生。如果我们认可物理可以改正我们的说话方式，为什么不认可哲学有同样的权力呢？

她：请注意，使用皮高力特和时间发送器还可以证明，一件东西同时可以是竖直的也可以是水平的，或者既是白色的又是红色的，甚至既是完整的又是损坏的等等……你不觉得这太夸张了吗？

他：夸不夸张不是我们定义的。可能性的空间是现实存在的，不管我们喜不喜欢。

她：可是这样一来无矛盾律（principio di non- contraddizi- one）也被证伪了。如果一样东西可以同时是红色和白色，那么它可以是同时红色和非红色！

他：无矛盾律……就像哲学家格雷汉姆教士（Graham Priest）说的："生存还是毁灭，这就是答案！"

圣诞老人的存在

教授：亚里士多德说过："说一件事情是必要的，相当于说它不可能不是，而说一件事情是可能的，相当于说它不必要不是。"

助理：我们当然都同意这一点。

教授：所以，尤其当断定圣诞老人存在的必要时，相当于断定圣诞老人不可能不存在。由此推断，只有当圣诞老人的存在不是必要的，他才可能不存在。所以如果圣诞老人不存在的可能性是必要的，那么他存在的不必要性也是必要的。由此得出一个悖论：如果圣诞老人存在的非必要性不是必要的，那么他不存在的可能性也不是必要的。可是，按照亚里士多德的说法，说圣诞老人存在的非必要性不是必要的，相当于说圣诞老人存在的必要性是可能的。因此我们可以推出以下定理（1）：如果圣诞老人存在的必要性是可能的，那么他不存在的可能性就不是必要的。

助理：每一个可能性都必然是可能的。

教授：完全正确。尤其是当圣诞老人是可能不存在的，那么他不存在的可能性就是必要的。这就意味着（自相矛盾地）如下定理（2）：如果圣诞老人不存在的可能性不是必要的，那么他就是不可能不存在的。

助理：结合定理（1）和（2）我们却得出，如果圣诞老人存在的必要性是可能的，那么他是不可能不存在的，也就是说他的存在性是必要的。

教授：结论就是：圣诞老人必要的存在性是可能的这一简单猜想，意味着他存在的必要性。鉴于圣诞老人存在的必要性是可能的（尽管不是必要的），这个猜想得到了证实，并且可以推出结论，圣诞老人的存在是必要的。但是这说明圣诞老人不管怎么样都是可能存在的，在我们这个世界这当然也是可能的——这是实际存在的。因此，此时此刻（hic et nunc），圣诞老人是存在的，这不是针对那些不相信的人。

助理：教授，您的逻辑无懈可击！请您告诉我，这套逻辑适用于女仙比法娜（Befana）吗？

教授（十分严肃状）：适用于一切！

没有、一些、全部

没有什么：我们人齐了。我思索了很久，终于觉得自己想明白了。虚无主义者（nichilisti）是对的，没有什么存在。

一些：请允许我向你指出一点，你这是自相矛盾。而你自相矛盾的这一事实验证了我的观点：一些是存在的，毋庸置疑。当然了，只是一些，而不是全部。

全部：你这也自相矛盾了。我是说，你们这么些年都去哪儿了？你们不能说没有什么存在，同样不能说一些不存在。

一些：怎么不行？你不会认为鬼魂存在吧？

全部：当然不是了。我都说过了，我再重复一遍：说鬼魂不存在不等于宣称鬼魂是不存在的事物。这很简单，存在的事物中没有什么是鬼魂。

没有什么：没有什么会变成鬼魂！看到了吗？没有我你们什么都做不来。

全部：当然，没有什么会变成鬼魂。可是这不意味着你变鬼魂了。不然的话是一些变鬼魂了。

一些：唉？我没有一点想要变成鬼魂的意愿。更别说去世了！

没有什么：确实，如果有的话也是我想要变。但是据我了解，这只是搬起石头砸自己的脚。所以我也不会变成鬼魂的，正如我不会走路，也不会变成君士坦丁堡的神父[1]。我会继续无所事事，这就够了。

一些：游手好闲！

全部：游手好闲个屁。你们还不明白吗？它没有什么是可以做的，连无所事事都不行。我是那个做全部事情的。

一些：对，可这都多亏了我！要不是我，你也成了"没有"

全部：只有你一个人这样认为。没有你，我还是我。这才是重点。就算（没有）什么都不存在，全部还是存在。

---

[1] arcivescostantinopolizzerò 意大利绕口令，和上文押韵，无具体意义。（编者注）

没有什么：你自己听听，你说的这叫什么话？

全部：那你证明我是错的呀。

没有什么：非常乐意！如果我们假设（没有）什么都不存在，这种情况下，当然全部也都不存在了。证明完毕（QED）①。

全部：是的。但是要想证明我是错的，证明在空洞的世界里全部都不存在，也就是说"全部不存在"可能是真的，这还不够，你应该证明"全部存在"是假的。而这样做唯一的方式是举出一个反例，一些是不存在的，而我们都知道这是不可能的。不好意思，就算是在空洞的世界里也是我赢了。

没有什么：可是怎么会……可是我……

一些：你最好还是别说话，你说的每一个字都自相矛盾。我对这个结果很满意。如果说一些不存在是矛盾的，就证实了一些存在的必要性。万岁！

全部：怎么连你也都还没有搞明白？"一些不存在"如果不能推出一些存在的必要性，那就是悖论。这也不是在说一些存在的必要性。总而言之可以推出，"一些不存在"应该是假的。

---

① 拉丁文"quod erat demonstrandum"（证明完毕）的缩写，又写作"Q. E. D"。（编者注）

一些：确实有一些是我一直不理解的（很显然）。关于鬼魂我们可以承认你有道理。很明显，这其中的把戏就在于"鬼魂"是一个谓词（predicato）①，而谓词都是空洞的。那圣诞老人怎么理解呢？他确实是不存在的一样事物。而"圣诞老人"是一个名字，不是一个谓词。

全部："圣诞老人"看起来是一个名字。但是没有什么（人）被你呼叫，这证明它不是一个名字。

没有什么：我确实不叫圣诞老人。

一些：你闭嘴。你只会把全部（人）都搞混。

全部：我一点儿也没有被搞混。我想要说的重点是"圣诞老人"不是一个名字，我们说圣诞老人不存在的时候，不是在说那个不存在的圣诞老人。这在术语上来讲也是一种自相矛盾。我们只是在说，没有什么会变成圣诞老人。

一些：这就不厚道了。这样一来你当然总是有道理了。你想要在全部上都有理。

全部：当然啦！

一些：那你给我留下的就没有什么了？

没有什么：当然会给你留一些。如果真是这样，也

---

① 谓词：数理逻辑中表示一个个体的性质和两个或两个以上个体间关系的词。（编者注）

是没有什么留给我了。

全部：我是说，你们刚说的话证明了，正如大家所说，在某种程度上大家都有道理。你们想喝一些（东西）吗？

一些：不了谢谢。我不想被喝，没有什么是我想喝的。

没有什么：那我接受邀请。我喝全部！

让我们一起畅想无限时间里的美丽瞬间，一起探究最短的时间间隔。计量时间的工具可能不是万无一失的，同一个时间在不同的地区和不同的计算系统中可能千差万别。如果可以延迟时间，甚至去时间的反方向，也许会发生很奇怪的事情……

第二章

有限制的自由

你现在明白为什么一切都靠我了？我向右走一步……噔噔！世界进行了相应的调整。我知道我本可以从左边走，或者干脆一动不动；世界运行的方式会随之改变。我会反转世界，这是我的工作，也是我的天性。那么你呢？我已经告诉过你了，你以为自己也有同样的能力。你也觉得自己是世界的主人，觉得自己可以影响事情的走向。这是因为你感受到了可能性。这样挺好的，因为你也可以感受到自己行为带来的重担，从而激发责任感。每一个人都应该有责任感，而且我们应该对自己的每一个行为负责，无论多么小的行为，否则就完了。但是你不能翻转世界。你做的事情完全取决于我的行为。请相信我。如果你现在坐下，不是因为你这样想，而是因为我动了动我的手指，发出了这样的指令，而不是发出另外一个指令。如果过一会儿你站起来走向那边，这不是你自己做的决定，而是我如此设定了。

我知道，我知道，你不是很信服。你读过经典书籍，你知道如果自己的行为已经被确定了，如果未来已经被写好了，那就没有自由意志的空间了。这是宿命论（fatalismo）！难道不存在人定胜天（à quoi bon l'effort）吗？已经写好的人生有什么好过的？很对。但是你错了，经典书籍都写错了。未来是开放的，尽管你没有决定任何事情的自由。我是那个可以做决定的人。你的人生没有被写好，但是也轮不到你来写，而是我。噔噔！你看，我又向右走了一步。我完全可以朝左走，但是我做出了朝右走的决定，并且这样做了。如今世界已经这个样子了，无论你做什么都无法改变。

你现在明白了吗？你径直朝厨房走去打开了冰箱。你本来可以去客厅的吗？当然啦！未来是开放的，毋庸置疑。可能性是存在的。宇宙规律阻止事物的某些发展方式（比如你无法穿过墙壁），但是其从来不用单一的方式决定事物的发展。然后呢？没有然后了。这不是说你可以参与决定事物的发展方式，决定者是我。未来是开放的，因为我是自由的。这不是宿命论，因为我会翻转世界。你不会，不好意思。你只是世界的一部分，你感受到的自由仅仅是我得到的自由投射的阴影。我们生来如此。这是我们的工作，我们的本性。

永恒轮回

他（怔怔地，如被闪电击中状）：万物方来（Tutto ritorna）①。

她：什么？

他：万物方来。尼采（Nietzsche）说的。几百万年后宇宙毁灭，从头开始。再过几百万年，噔噔！我们又出现了。

她：你是想说，我们又出现了，我和你，坐在同样的长椅上，对着同样的山谷沉思，同样的一丝风吹过同样的叶片？然后你说"万物方来"，如此以往？

他：正是如此。同样的长椅，同样的山谷，同样的

---

① 出自《查拉图斯特拉如是说》。（编者注）

对话：万物方来。

她：真的是一模一样、丝毫不差吗？或许到时候上面的冰川会落下一颗石子，而此刻并没有落下，而你到时候会说"重复"而不是"方来"？以及其他诸如此类的小细节。

他：这有可能，但它却不是重复归来。时间是无限的，宇宙虽浩瀚却是有限的。宇宙可以无数次毁灭和重新开始，每一次多多少少会有些不同。某一次我会说"重复"而不是"方来"，某一次猫咪会占领星球，某一次连太阳系都不存在，诸如此类。但是到了一定时间，可能的变化都穷尽了，某一次，宇宙应该会原模原样地重生。这会发生一次、一千次、无数次。万物都方来，那个你说的上面的冰川落下石子的宇宙也会归来。我们不应该低估时间的无限性。

她：你的推理的当然决于这个假设。如果时间有限，万物方来永远不会实现；或者说这肯定会很难实现。但是我想问你另外一个问题。我承认你说的这一切：无限的时间，无数的宇宙会出现，有的时候（也是无限次）"我们的"宇宙会归来。为什么你对这件事情一点儿都不惊讶？

他：因为这几乎可以让我感受到永生。一想到我和你都可以重新回到这个长椅上，对着这片山谷沉思，谈论起我们、世界和人生，我就感到慰藉，幸福得简直要融化掉了。度过一段漫长的时光，在数不尽的宇宙后，我会重新找到你。这个等待甚至不会让人疲惫不堪，因为我们只有在那时才重新存在，就好像我们不曾分开一样。

她：这很浪漫。但是你的理论意味着存在其他无数个我们争吵并且互相看不顺眼的宇宙……

他：半杯水哲学（Bicchiere mezzo vuoto）①。

她：还有，你说的有关未来的情况也应该适用于过去。所以我们应该已经在这里无数次了，就坐在这条长凳上，说着这些相同的话。

他：你是想说，这就没有那么浪漫了？

她：最后，我觉得你的形而上学野心太大。谁告诉你我们还会是我们自己？仔细想想，就算生成了一个和我们今天生活的宇宙完全相同的副本，那不是同样的宇宙。在一张分辨不出区别的长椅上，有两个和我们完全相似的两个人，观赏着同样的风景。可那并不是我们。

他：拜拜了，浪漫主义。

她：我是说，这是半杯水哲学！这个时刻，现在，

---

① 同样的半杯水，两人态度不同，有人想到只剩半杯，有人想到还剩半杯。（编者注）

在这里，它美妙的原因正是它的独特性。你看太阳落山时洒向雪地的余晖。你听我们的声音在风中飘扬。知道有人在遥远的时间之外的某一天，可以享受到相似的时刻，会让你感到幸福。在思维无法想象的距离之外，或许他们也会想到我们，正如我们正在想着他们一样。

延迟反射的镜子

他（放下报纸）：你听这个，一位年轻的意大利哲学家发明了一种时间镜子。它暂时还只是一个哲学想法，不存在专利证书或者制造技术。但是这个主意太妙了！

她：它的工作原理是什么？

他：很简单。光子遇到镜子表面会变慢，直至几乎静止。接着，再过一会儿，它们从镜子逃离，重新回到环境中去。

她：这还符合光学规律吗？

他：看起来是符合的。比如入射角和反射角相等，几何方面不变，变的只有时间。你站在镜子前想要看到自己要等一会儿。

她：或许你还能看到之前镜子里的那个人？这效果

太奇怪了，想想都令人打冷战。可是，不好意思，这不就是一个闭路摄像头延迟放映嘛。先录下你，然后过一会儿放映你的画面。

他：仅从一个角度来说是这样的。镜子不可以回放。你一旦看了应该看到的，就结束了。但请注意我们思维会如何令我们措手不及。如果我知道是摄像头，我就不会打冷战。但是如果我知道这面镜子捕捉光子并减速，然后再反射出来，我会表现出一定的焦虑。好像它真的可以捕捉并保留我的一部分……

她：你可以根据自己的喜好减速吗？

他：我查一下这个项目……好像可以，可以无限期减速。

她：那有一个可以照出拿破仑（Napoleone）的镜子该有多好！

他：等等。刚刚有人寄来了一个箱子……"轻拿轻放。时间机器俱乐部（Societ à Macchine del Tempo）特派件"。好吧，尽管我们多次阻拦，最后他们还是已经投入生产了。他们给我们寄了什么？"希望能令您满意，我们送来巴基尼镜（Specchio Bacchin），2017年版。它曾有一小段时间被转移到1800年，接着被召回了。计算了光子折射的延迟后，2017年5月5日13点20分，可以看到拿破仑洗脸的画面，正如我们送去的工作人员捕捉到的。"

她：就是今天！现在已经13点15分了！快，打开包装！

他（急忙状）：打开了。我们看看……真是令人印象深刻：看起来就是一个镜子……但可以看得更远，在拿破仑的房间……看不见我们！

她：他房间挺好看的。还很朴素：一个尿壶，一个面盆，没有整理的床铺。

他：他在那里！就是他！波拿巴执政官（console Bonaparte）！头发乱糟糟的……

她：你让开点儿！这可不是视频，是真的镜子。我应该站在镜子前面看他，就像我在一面普通镜子的正前方看我自己的反射一样。你看，他正在洗脸！我太激动了！但是，他看起来很迷茫……

他：幸亏我录了下来。哟，为什么他的脸色这么惊恐？

她：当然啦！他用的是延迟镜子，看不见自己的画面——这个画面是我们在看，就是现在。谁知道他到底看到了什么？

他：或许是未来的东西？镜子可不像相机一样可以关机。说不定他镜子里留下的图像是什么时间机器俱乐部的技术工人……

她：……或者是巴基尼镜的技术工人。

他：等等，一起送来的信里还写着什么。"在预计的5月5号使用之后，如果您将镜子用快递的方式连包装一起归还，我们将不胜感激，这样我们的实验员就可以重新把它送回系统里设定的1800年。只是这样以来拿破仑将会看见……"

她：怎么还是拿破仑？

他："……您的画面。"

空间有多少时间

他：总有一天，我们可以制造出可以几乎用光速行进的星舰，这样一来只需要1秒多，我们就可以去月球，几分钟我们就到了火星上，6个小时就可以飞出太阳系！

她：喽喽！

他：我知道这不是一个现实的话题。只是这个想法非常吸引我。

她：这个想法不可能实现，你要算一算。举个例子吧，就算是乘坐光速的星舰，到月球需要的时间比1秒钟要多得多。

他：你错了，我是算过的。月球距离我们平均384,400公里。月球运动的平均速度为300,000公里每秒，从地球到月球需要整整1.28秒。

她：月球可以，因为你没有加速的问题。但是你的超级星舰是有质量的。从静止到光速的时间需要大概1年。那个时候星舰都已经出了太阳系了。不光是月球……

他：同意。但是话说回来，这个细节不重要。月球很近，我们已经知道怎么去了。吸引我的地方是我们可以去更远的星球——非常非常远！

她：那样的话旅行也会很漫长。

他：举一个例子吧。假设我们要去比邻星（Proxima Centauri），如果没记错的话，它是最近的一颗恒星（排在太阳之后）。

她：大约4.22光年远。

他：用今天的宇宙飞船，每个小时飞行100,000公里的那种，我们大概需要4亿小时，也就是45,000年。如果科技发展可以大幅提速，我们需要十分之一的时间。如果我们可以建造出比今天的速度快1,000倍的星舰，每个小时飞行1亿公里（比光速慢10%），45年可以到达比邻星。你不觉得这个主意很吸引人吗？

她：不觉得，我反而觉得很矛盾，就像亚瑟·克拉克（Arthur Clarke）说的。

他：什么意思？

她：你设想一下，向比邻星发射一台当今的星舰，需要45,000年。

他：我刚才就这么说的啊。

她：假设我们的孙辈会建造一艘10倍快的星舰。

他：这个我也说过了啊，他们的星舰只需要4,500年。

她：也就是说它会超过我们的第一艘星舰，超越的时刻后者已经完成十分之一的旅程。

他：显然是这样的。

她：如果我们孙辈的星舰会提前到达，那我们明天发射还有什么意义？

他：（泄气状）我还真没想过这个问题……

她：而且如果有一天科技发展到可以发射100倍快的星舰的话……

他：那很快就会超过第一艘和第二艘。

她：那么发射第二艘星舰也是徒劳的。

他：按照这个理由，第三艘也没有发射的必要了。因为全体机员注定要看到自己的孙辈乘坐这第四艘更加快的宇宙飞船超过自己……

她：正是如此。但是我也承认，想要建造非常快的未来星舰，之前的更慢的型号也是必要的。

他：这就是发展的规律？

在边界碰杯

他：准备好香槟。现在我们在维皮泰诺（Vipiteno），再过几分钟就能越过奥地利边境。正如10年前那样，同一天，（几乎）同一时间。

她：我准备好了。你为什么称之为"奥地利边境"？

他：这是奥地利的边境啊，不对吗？虽然说我们属于欧盟，不需要出示护照，但是边境还是存在的。

她：这是当然了，边界是存在的。我问的是，为什么你说这个边境是"奥地利的"。它是奥地利边境，也是意大利边境。

他：我同意你说的。我确实没仔细想过这件事，我说过就完事儿了。如果你专门问我，我觉得说"穿越"边境的时候，指的是要去的地方的边境。我们在意大利，说再过几分钟"我们要穿过意大利边境"没有多大意义。也可以说"我们要出意大利边境"。

她：我想讨论的不是语言学应用上的问题。还有，按照你的说法，好像存在两个边境一样，但其实只有一个。如果只有一个的话，有什么区别呢？

他：边境当然只有一个。可是谈论一件事情可以用不同的方式，而且有时候选择的方式可以发挥很大的作用。就算是同一个坡，上坡会很累，下坡却不累。

她：所以对你来说，边境是唯一的，根据行进方向的不同，有两种方式来描述它？

他：对，我觉得是这样。

她：那你告诉我，这个边境属于谁？

他：什么？

她：奥地利边境，也就是意大利边境（我是说边境的那个部分），是奥地利的还是意大利的？它属于两个国家中的哪一个？

他：这是什么问题。当然是两个都属于了，两个国家都不能对其宣称所有权。

她：如果两个都属于，那奥地利领土和意大利领土就有重合的部分了。这太荒谬了。

他：我不觉得这是什么大问题。总之它是一块无法延展的部分。

她：从实际层面上来说是可以的，但是理论上有问题。两块不同国家的领土永远不会重叠。

他：好吧，是我错了。我本该说边界不属于两个领土的任何一个。你满意了？

她：不，因为这样的话我们就有了一个正好相反的问题。一个国家的领土应该覆盖整个表面积，不可以留出一些地方。

他：我已经和你说过了，这是一块无法延展的部分。它能有什么影响？

她：它不是无法延展的部分。它是一条线，而线是可以延展的，虽然只能沿着单一的维度。可是就算它是一个不可延展的点，此问题仍然存在。欧盟的所有部分都应该属于某一个国家：不管是点、线还是面。不然的话穿过边境我们就出了欧盟——就稍微一下子，我同意——可是我们会出欧盟。

他：我不知道你的这番话想把我们引到哪里去。

她：当然是去奥地利啦！而且你看，我香槟都准备好了。但我还是不明白。说到底这其实是一个拓扑学（topologico）问题。如果一个空间是连续（continuo）的，或者仅仅是稠密（denso）的，两个闭合体（corpi chiusi）（每一个都有自己的边界）无法互相接触。就连两个开放物体（corpi aperti）（没有自己的边界）都不能互相接触。当两个物体接触的时候，一个应该是闭合的，另一个应该是开放的。这就是为什么应该要搞清楚意大利-奥地利（italo-austriaco）边境到底属于谁。相对于你给我的两个答案，我更偏向于第三个，也就是边境的所属性无法确定——还没有人作出决定。

他：拓扑学问题总比政治问题好。已经快到了，我已经能看到标志牌了，你准备好了吗？

她：我会准备好的。但是你要庆祝的是在意大利的最后时刻还是在奥地利的第一时刻？

芝诺（Zenone）的灯

他：等一下……我拧一圈螺丝……好啦！你喜欢吗？

她：好漂亮的灯。可是如果你需要的话问我要一个就是了，我有一个不用的罩灯（abat-jour），和它几乎一模一样。

他：这和你的罩灯完全不一样。

她：为什么，它哪里特殊了？

他：它是汤姆生（Thomson）灯①。我按照《哲学

---

① 汤姆生灯是一种悖论，是芝诺悖论的变种。（编者注）

期刊（Journal of Philosophy）》上读到过的一篇很老的文章，一步一步做好的，文章说这样的灯是不可能做出来的。

她：请你解释一下。

他：它被设定为自动开启和关闭。

她：我的灯也有一个装置可以设定为自动开启，这样的灯多得数不清。拉斯维加斯（Las Vegas）的光影变幻，实现方式正是将灯都设为在预定的间隙开启或者关闭。

他：是的，可是这个灯的工作原理不一样。我将灯设为在预定的递减间隙开启或者关闭。一旦开启，一分钟后会关闭，接着再过半分钟会重新开启。然后再过四分之一分钟会关闭，接着再过八分之一分钟开启……

她：间隔越来越短。

他：完全正确。灯每次变化状态的间隔都是上一次的一半。我感兴趣的是，如何得知整整两分钟后灯的状态是什么样的，这之后它是稳定状态。你觉得它会是亮的还是灭的。

她：如果我理解得没错，整整两分钟之前的那个瞬间是灭的话，它就是亮的。但是两分钟前的"最后一瞬间"自然是不存在的。如果两分钟的前一秒灯是灭的，那半秒之前会是亮的……

他：那么四分之一秒之前又灭了，以此类推。

她：两分钟之前的每一个灯灭的瞬间，总会有再晚一点的时间灯是亮的。

他：所以两分钟整的时候灯不可能是亮的。

她：也不可能是灭的，原因完全相同。整整两分钟之前的那个瞬间是亮的话，它就是灭的。这个瞬间是不存在的。

他：正是这样。看起来灯既不能是亮的也不能是灭的，这就矛盾了。

她：这让我想起了阿喀琉斯和海龟悖论（Achille e la tartaruga）。

他：是的，这篇文章的作者詹姆斯·汤姆生（James Thomson）受到芝诺的启发想要证明这种灯是不可能存在的。可我刚刚把它做好了！我这就打开开关等两分钟……

她：等等，你确定电路不会坏吗？

他：非常确定。我用的是阿西姆伊（A.C.M.E.）的独家科技，保证万无一失。

她：这不是科技的问题。你现在要求你的灯在有限时间内（两分钟）执行无限的任务，这是不可能的。

他：诡辩（Sofismi）。你不是想告诉飞毛腿阿喀琉斯（Achille piè veloce）无法超过海龟吧？

她：阿喀琉斯能超过海龟的原因很简单，是超越之前那一系列无尽的任务（追上落后的100米，追上同样时间乌龟走的10米，追上同样时间乌龟走的1米，以此类推）把阿喀琉斯跑步这个唯一需要完成的任务在概念上完全分解。而这个灯要按照你的设定完成一个又一个数不清的任务。

他：所以我才向阿西姆伊公司求助。他们的技术可以允许在有限的时间内完成无限的任务。但是……等等……你在做什么？

她：我在做我自己的灯，用的同样的技术（我看阿西姆伊公司给你提供的东西不错）。但是我的灯是反过来的：你的灯灭的时候我的灯亮，你的灯亮的时候我的灯灭。

他：抄袭！

她：我只是为了看看整整两分钟的时候到底会发生什么。你觉得会是亮的还是灭的？

他：我的灭了，你的就亮着。反之亦然。

她：试试看吧！

好事者（开着阿西姆伊的面包车路过，正好停在窗外）：停一下！

他和她：什么？

好事者：把你们的灯打开，看两分钟后是亮的还是灭的——这没有用。

他和她：不好意思，为什么啊？您怎么知道？

好事者：我知道的，我知道的。你们只想设定第一个两分钟的时长。在一段有限的时间内发出一系列无限的指令（我们的科技可以保证精准实施），可是在那之后，你们如何保证它可以确定灯的状态？也就是第三分钟初始的状态？

他和她：可是如果是我们自己设定的，那就没有什么惊喜了……

好事者（轰隆隆地开走）：没错！

盗梦阴谋

市长讲话：

工人们！我们是工作时间之阴谋的受害者。十五年来，地球上所有电脑上的表都是按照坐落于恶臭岛（Isole Fetide）的离岸公司时间伙伴（CompiTiempo）校准的。如今，我们每次打卡的时候，机器用时间伙伴记录我们进公司的时刻。我们有两个员工——罗莎·马奎斯（Rosa Marquez）和艾琳·奥科赛尔（Erin Oxel）——用的仍是不和系统连接的老式石英表。一个月前他们注意到，一个工作日结束的时候，机器记录的时间和他们的表有差异。这个差异确切来说是每20分钟少1秒，也就是说每个小时少3秒，正常12个小时的工作时长会积累到36秒的总数。这看起来可能没有什么，可是算一下总账，每一个工作周（除了在神圣休息日不工作的极其个别的员工）就有四分之一被偷走，1个月15分钟多，4个月1个小时，1年3个小时。后来大家发现国家各大公司的打卡机都有这个差异。鉴于我们国家有10,000,000员工，这可是1年30,000,000的工作小时！我们还察觉到为了弥补那36秒，时间伙伴加速了剩下的12个小时，这样一来每年偷走了我们人口30,000,000小时的睡眠时间。其实，正是此周期让我们坚信阴谋的存在。一开始时间伙伴公司否认了这个事实，还指责说老式石英表的质量不好，可是3月10号18点整（工作时间结束的时候），我们联系了澳大利亚的同事，那里当地时间早上6点，大家应该要开始自己的轮班。哟，他们半分钟多之前都已经开始了——他们电脑上的时钟显示的时间是6:00:36。第二天早上，我们早上6点整开始自己的轮班，他们的表显示17:59:24。由此我们确信，时间伙伴和各大集团公司串通一气，为了偷窃我们的睡眠时间，更加严重地剥削我们。全世界的所有工人，团结起来，找回丢失的时间！拿回被盗的睡眠！

缺失的时间

他："2分钟后结束进程……1分50秒……"

她：你好了吗？出租车马上就到了。

他：还有1分40秒。

她：你在干什么？

他：我正在把内置硬盘上的照片拷贝到移动硬盘上。有备份比较保险，这样我们出门更放心。

她：好吧。那你快点，我不想错过火车。

他：你看，还有1分30秒……1分20秒……哎呀。

她：哎呀什么。

他：变慢了，一直显示还有1分25秒、1分24秒……24秒……24秒。太恼人了。

她：它在根据剩下的照片重新计算。

他：真的是，现在又变长了，回到了2分40秒……3分10秒！这样做合适吗，电脑先生？把时钟调一下！电脑死机我已经很讨厌了，现在时钟还撂挑子不干了。

她：好吧，我觉得这和时钟没有关系。

他：那和什么有关系？我觉得它就像那种我们用来煮鸡蛋的秒表，可以显示距离任务结束还有多长时间。

她：看起来像，但它不是。这个系统告诉你距离任务结束还有多久，但不计算时间。它只是根据一定的算法进行估算。

他：那煮鸡蛋的秒表，工作原理不是类似的吗？

她：不是的。它不进行估算；它数的是自己心跳的滴答声。如果没有心跳，就算时间在嘀嗒走，那也不是表。

他：7分40秒……8分。太可恶了。

她：问题不是一个不存在的表，而是一台运行得慢的电脑。而且想要知道电脑慢不慢不需要表。你的电脑感觉简直是逆着时间走了，它迟缓可不是一天两天了。可出租车和火车可不等人，所以还是关机走吧。

（两人上了出租车，气喘吁吁状）

他：我们5点前能到火车站吗？

司机：我可以马上回答您……根据我的导航，我们4点50可以到……4点48……4点53……4点49……

几点了？

路过者：请问一下，几点了？

停留者：什么时候？

路过者：什么什么时候？

停留者：您问我几点了。什么时候的几点了？

路过者：这是什么问题。现在几点了。

停留者：啊，好的。精确一点比较好。这年头大家都太不精确了，一个人永远都无法确定自己到底听没听懂问题，很容易给出一个错误的或者不需要的答案。

路过者：不好意思。那我的问题还能有哪些其他的理解方式呢？

停留者：我怎么知道？可以有无数种理解方式。

路过者：比如？

停留者（些许不耐烦状）：您看，您可能想问20分钟后几点了？或者明天11点半几点了？再或者圣诞节午夜几点了？您都看到了，自然有很多的可能性。

路过者：如果我想问20分钟后几点了，我肯定会很明白地告诉您的。

停留者：那如果您想知道的现在几点了，为什么没有清楚明白地问我现在几点了？

路过者：好吧，那现在几点了？

停留者：哪里？

路过者：什么哪里？

停留者：您问我现在几点。那您想问的是哪里几点？

路过者：我又懂了。这里现在几点了！

停留者：这样我们就互相理解了。我真的不是故意捉弄您。现在和这里是……5点20分，上下浮动1秒。

路过者：谢谢。最后我们终于说明白了！您就没有想过有些事情不用说也可以表达出来的。如果有人问您"下雨吗？"您应该不会问我"什么时候，哪里？"您更不会回答我说昨天通布图（Timbuctu）下雨。

停留者：我确实不会这样回答。我完全不知道昨天通布图是什么天气。

路过者：那想知道明天11点半是几点到底有什么意义？我自己也知道明天11点半会是11点半。

好事者（系上新表的表带）：什么时候？

路过者：什么什么时候？我刚刚就说了：明天11点半。您能不能不要多管闲事？

好事者：我以为您想说的是："现在，明天11点半是11点半。"您其实想说的是："明天11点半的时候，明天11点半是11点半。"现在的情况的和明天11点半的时候将要发生的情况可大有不同。

路过者：我可看不出有什么区别。明天11点半会是11点半，现在是正确的，明天还是正确的，再过3 000年也是正确的，这是事实。一旦事实在一个精确的时刻被定论了，没有必要再定论一遍。总而言之，如果您坚持要问的话，我想问的是现在。

好事者：哪里？

万无一失的表

他：我发明了一块万无一失的表。

她：你连原子表都改良了？用了什么科技？

他：特别简单的科技。它是一块老式上弦表。我做的只是把它和显示器连接在一起。

她：我看看，一闪一闪的……可是……显示的总是一样的词："现在""现在""现在"……

他：看到了吧？它从来不犯错。举个例子，现在就是现在，表也说了"现在"，说的时候也正是现在。它万无一失！

她：当然了，怎么会犯错呢？但是只有在可能犯错的情况下，你才能说一个事物是正确的。一种描述的确可以是万无一失的，但是根据原则，应该存在能够犯错，不然的话它连一种描述都不是。

他：可是这个表完全可以犯错。例如，如果我们把装置调快……（用金属条拨了一下）你现在在显示器上看到了什么？

她："马上""马上""马上"……我迷惑了。

他：来，现在我把它调慢。（又拨了一下）

她："不久前""不久前""不久前"……

他：你看到了，表调慢了，它指向越来越远的时间。几个月后这些滞后积累起来，你在显示器上读到的就是"昨天""昨天""昨天"……

她：可这是因为你自己调了装置。设想一下，把你的表调回初始状态，它就只显示"现在""现在""现在"……而你还觉得这是正确的。

他：当然了。现在就是现在，表显示"现在"，它只在现在说，从来都不说"马上"或者"不久前"。

她：那你把它和手表连起来有什么意义？只需要一个闪烁的屏幕显示"现在""现在""现在"这也永远不会犯错。

他：那就不是表了。我拿一个闪烁的装饰品有什么用？

她：那你拿一块不告诉你现在时间的表有什么用？

他：它是不显示时间，可是它告诉我是现在，此刻。我的表可以精确地告诉我所处的时间。表的作用不就是这个吗？

她：不是的，表应该能够估量时间。它应该告诉你一个时间点后已经过了多少时间，作为我们可以参考的标准。比如它可以从午夜开始算起，就像你一边走一边拉开一个卷尺，丈量从出发点算起你已经走了多远。然后根据这个信息你可以判断自己在哪里。

好事者（跳着进来）：我刚刚发明了一个这位先生会很喜欢的工具。它非常好用，可以放在口袋里，万无一失，它也不需要丈量什么，可以告诉一个人的定位，不管他在哪里。

她：我想看看……不出我所料，这个也闪烁着："这里""这里""这里"……

他：万无一失！

八万六千四百块表

他：好了，我终于集齐了86,400块表。

她：86,400块什么？

他：你没看到吗？86,400块手表。

她：嗯，看到了，我觉得你的房间有点挤。所以你是从一个极端走向了另外一个极端；从一块没用的万无一失表，到数不清的普通表。其实我也觉得同时参照好几块表是解决恼人的计时技术限制最便捷的方式。可是真的需要这么多表吗？

他：你不喜欢吗？

她：怎么说呢……不过这里的安静还是挺让人叹为观止的。我以为滴答声会震耳欲聋。

他：为什么会有滴答声。它们都是不走的。

她：不走的？你把86,400块不走的手表放在一个房间里干什么？

他：不嘀嗒才是关键。不然的话这个房间可能就不准了。

她：你今天太让人迷惑了。你想说什么？

他：伯特兰·罗素（Bertrand Russell）思索过这个问题：如果你正中午看一块停在12点的表，你可以说自己知道几点吗？你会很幸运；可是如果出了房间，你还清楚地知道时间吗？

她：我没懂你想说什么。如果你不经意看了表，不能说你真的知道时间；如果你在任何其他的时刻看了表，然后表显示的总是正中午，那就别想知道时间了。因为一块表想要可靠，无论什么时候看它，它都要能显示当下的时间。可靠性是能力问题，而不是只在特定的时刻偶尔才出现。

他：所以我造出了自己的房间。你随便拿起两块表看看时间。

她：比如这两个，5点10分8秒……12点20分3秒。

她：你随便另外拿两块。

她：好的……3点10分51秒……8点14分整·……没有两块表显示同样的时间！它们都不走，还均显示不同的时间。也算把无用发挥到了极致……

他（被冒犯状）：你总是这样想。可是这里有86,400块表，也就是一天的总秒数那么多。每一块表都显示不同的时间。因此……

她：因此一天中的每一秒你都有一块表来显示。可是我还是不理解你想干什么。

他：很简单。我创造除了万无一失的罗素表。你正中午的时候看我房间，正中午的表会显示正中午；你2点10分，或者3点20的时候看，总有一块表会显示那个时刻，因此我的房间做到了真正的万无一失。

她：不好意思，可是你怎么保证正中午的时候看到的是显示正中午的表？如果你正中午走进房间，看到的是显示两点十分的表，你会以为是两点十分，那就得到了错误的时间。

他：这就是你错的地方。如果我看到乔瓦尼（Giovanni），我看到的是乔瓦尼的每一个部分。我如果看到有86,400块表的房间，我看到的房间的每一个部分，包括显示正中午的表。这样我就永远不会错了。

她：我不是很确定如果你看到乔瓦尼，就等于看到了他的每一个部分。你肯定看不到他的内脏；而且乔瓦尼一般总是穿着衣服，幸好你也看不到他全部的外部身体结构。你还是会说看到了乔瓦尼。我们可以认为你看着房间的时候，说自己也看到了一块显示正中午的表；这可不意味着你看到的表刚好显示正中午。

他：我没听懂。

她：还有5分钟我的表就到正中午了。你看……（在关键时刻藏起了表面）你正在看一块显示正中午的表，可是你没看到它显示。

他：确实如此……

她：如果你没有看到它显示正中午，你甚至都无法确定自己知不知道时间。

他（气鼓鼓地走出房间，恶狠狠地回来，手里拿着螺丝刀和锤子）：我明白了。这一点儿用都没有。

她：等等，别生气。不要毁了你的作品！

他：别担心……我稍微修改一下……（转眼间做好了一个奇怪的装置，有内置弹簧和灯泡）

她：这个小玩意到底能干嘛？

他：这是一个讨人喜欢的认知小机器人。（打开装置）当你走进房间想要知道准确时间的时候，它和你一起进房间，给你指出应该看到的表。你看它多好用：它正一块一块地指向所有正确的表……中午12点3分6秒……7秒……8秒……

她：但你这是在作弊。你说过不想要这种滴答声。但是你机器人的心在嘀嗒，难道不是吗！这样它才能找到房间里那些"正确的"表。

他：这有什么不好的？

她：不好之处就在于，你的房间如今已经成为了一块简简单单的、普通得不能再普通的超级大表，而它的可靠性完全取决于你的认知小机器人。建造这些东西可不便宜。认知事物，只和外部世界有直接接触是不够的，只观察也是不够的；认知事物，需要很好用的装置！

夏不令时（Ora illegale）

发信人：皮娜·内里（Pina Neri）

收信人：马可·罗西（Marco Rossi）

尊敬的罗西先生：

依照时间部（Ministro del Tempo）的安排，请注意您新的工作时间。请尤其注意从10月29日周一开始，您一天的工作不是从早上8点开始，而是9点，结束时间不是17点，而是18点。请您按时上下班。

不记名股票公司生产部人事处

皮娜·内里

发信人：马可

收信人：路易莎（Luisa）

路易莎，你好。我的工作时间变了。从下周一开始我回家时间要更晚一些。你可以去接小孩儿吗？

亲吻你

马可

发信人：路易莎

收信人：马可

来不及，我有安排了。不过别担心：学校说从下周一开始不是5点放学，而是6点。他们也晚1个小时开始。所有的日程都要重新规划了，不过我觉得来得及。

发信人：马可

收信人：保罗（Paolo）

我把路易莎和我们人事部主任的信息转发给你。我不知道该怎么办了。你的工作时间也变了吗？我们午饭休息时间还能见面吗？你那边怎么样？比萨店2点关门。

发信人：马雷西亚罗（Marechiaro）比萨店

收信人：未公开收信人

马雷西亚罗比萨店实行新的工作时间！从10月底开始我们开到下午3点！但我们的开门时间不再是12点，而是13点。

发信人：保罗

收信人：马可

不好意思我现在才回复你。我刚才在查火车时刻表，所有的班次从10月28日起都推迟1个小时。我倒是没意见，下周开始我也晚1个小时上班，但我得把所有的安排都重新写一遍。这应该是时间部的新规定。另外我还看到马雷西亚罗比萨店也推迟了1个小时。

九点整广播解说员：没有错，大家应该都注意到了：8点广播被取消了，从今天开始第一段新闻广播在9点开始，并且一整天所有的新闻均会被推迟1个小时。现在我们开始播报今天的新闻。首先当然是全国人民对新工作时间产生的不满情绪。时间部辩解说，实行新的工作时间后，人们可以利用早上1个小时的时光：迟1个小时到办公室，这个时候天都已经亮了，不需要再开灯。鉴于至今为止石油、天然气和铀的储存已耗尽两百年之久，这其中的利害关系大家也应该清楚了……等等……是的……导播说过了……和谁直接连线？一位历史学家？还有时间部？直播？

历史学家：请允许我向大家指出一个事实：4个世纪前，也就是1900年，人们很巧妙地解决了节省晨光的问题，不久前被发现的文献也证明了此事，这个方法丝毫不用打扰任何一位市民的日常生活。在实际操作中，我们其实不需要告诉每一个人把自己一天的活动都推迟

1个小时，否则他们还得更改各种文件、时间表和安排的时间。只需要出一项法令就行了，将表的指针均回拨，大家的生活照旧。其实，此更改相当于夏天所谓的"夏令时"（legale）结束后，把表调回所谓的"太阳时"（solare）。但此话题的本质一样：不变更已有的安排，而是在一年里调整表的指针。重要的是，为了谨慎起见所有人要一起调。

时间部长：可是……可是……可这意味着违反了伟大的真理公理（Grande Assioma della Verità）！您比我更应该清楚，我们这个社会是真理社会，与之前所有的社会制度都不一样，我们不能在度量衡上作假。我们无法告诉自己的子女，当表显示9点的时候，实际上是10点，反过来也不行。这样做会树立一个很坏的榜样，严重削弱我们社会生活的基本。

历史学家（叹了一口气，神色忧虑状）：我……好吧……我不是想要批评伟大公理……可是我们也可以这么认为，当然这只是一个假设，表不仅仅是度量工具，而且是协调工具……如果这样的话，或许对一些实用经验主义也是有帮助的……或许让社会接受"夏令时"的这个概念没那么复杂——我记得20世纪以及之后的夏令时也没有引起什么特别的麻烦——这比强迫所有人都改变生活习惯要好得多……

时间部长（威胁状，上校军衔闪闪发光）：对于时间部来说，人民的生活习惯不值一提。真理才无上重要！夏令时是骗局！二十世纪的居民夏天看表的时候，他们从来都，我说的就是从来都看错了！他们永远都不知道确切的时间！他们的表坏了，懂吗？就算他们每一个人都达成了一致，也救不了他们！真理永远胜利！守卫，把这个女人抓起来。

不可能的闹钟

他：我刚刚服下药片，需要在整整6个小时后服用下1片，我恐怕要在大半夜醒来……

她：别担心，我们定一个闹钟。

他：谢谢。

她：好的，我们看看，现在21:30。你刚说6个小时？那么我定一个3:30的闹钟，定好了。

他：真的不好意思，麻烦你了。

她：没事儿。（顿了顿）等等，有一个问题……

他：别告诉我闹钟的电池恰好今天没电了？

她：不是的。问题是今天晚上是夏令时最后一天。

十月的最后一个周六，所以从明天开始实行太阳时。

他：放心，这是电子闹钟，有日历的那种，所以它可以自己调。

她：对呀，这才是问题所在。

他：你解释一下。

她：太阳时3:00准时开始，对吧？到了那个时刻表会往回跳一个小时，成了2:00。这相当于这一个晚上，从2:00的3:00的那一个小时重复了一遍。

他：完全正确。我们可以多睡1个小时。

她：那你就应该明白，在那之后闹钟3:30响的时候，其实是4:30，到时候就已经过去了7个小时，而不是6个。

他：我的天！这个药我需要很精确地每6个小时吃1片。拜托，把闹钟调前1个小时。

她：2:30？可是这样一来我们过的还是夏令时，到我们醒来的时候才过了5个小时。这样也不行。

他：我的天！可是我想再过6个小时醒来，1个小时不多，1个小时不少。肯定是有方法的吧！

她：方法很多，但是我们用不到闹钟了。

他：太荒唐了。闹钟的作用就是在我们需要的时候叫人起床！

她：恐怕那种有日历的电子闹钟不行。

他：我们可以用手机上的闹钟。

她：它有一样的问题。

他：那电脑上的呢？

她：一样。

他：电信公司有电话叫醒服务！如果我没记错的话拨42-142就行了。

她：你真棒。你觉得他们应该在几点叫你？

他：真是令人困扰！我很想知道到底是谁想出了夏令时这个天才主意。肯定会有1个再过6小时把我们叫醒的方法吧！

她：我告诉过你了，方法很多。比如指针式老式闹钟，你去阁楼拿朱利亚诺（Giuliano）送你的那个。当时你作为新科技的忠实追随者还嘲笑挖苦了它一番。

时间公交

记者（在街上，气喘吁吁状，手中拿着话筒）：观众朋友们大家晚上好。今天我们遇到了几个有探险精神的时间旅行员，他们即将登上时间公交……女士，我看您也即将出发，可以告诉我们您要去哪里吗……是未来还是过去？还有这个小家伙，请告诉我们，他和您一起吗？

女士：当然啦，我非常激动，现在时间公交修好了……我们去过去，不过不是很远。

记者：请您将讲一讲，为什么选择公交，而不是一台普通的时光机器？

女士：为了全家福！你看，我只带着张三走，我另外2个儿子，张一和张二留在家里。

记者：可以给我们详细讲讲吗？

女士：时光机器直接到达目的地，中间不经停。时间公交可以在请求的站停留，允许乘客上下车。张三现在2岁了，张二6岁，张一10岁。我和张三先去接4年前的张二，那个时候他2岁，然后我们一起去8年前，那个时候张一也2岁。这样一来我可以和三个孩子一起照一张全家福，大家都是2岁，好像三胞胎。这难道不令人激动吗？

记者：多么浪漫而有抱负的计划！您已经考虑到了可能遇到的各种困难吗？3个小孩儿，还在一起，您忙得过来？

女士：我见过更糟的，别担心，我知道自己在做什么。我的装备很齐全，您也看到了，张三裹得紧紧的，在路途中肯定不会感冒。

张二：妈妈把我小时候的风衣给了张三。

张一：那是张二穿我穿过的！

女士：就算时尚变了，有三个男孩子的话把衣服留给更小的穿很容易。我们家很朴素的。

好事者（路过，习惯性旁若无人地插嘴）：不好意思，您带着穿着张一留给张二的风衣的张三回到过去？

女士：完全正确。

好事者：那2个儿子，您几月份去找他们？

女士：他们都是12月出生的，我去12月，这将会成为一个生日宴会！

好事者：可是会很冷的……

女士：那又怎样？我刚才说过了，我把孩子裹得紧紧的……

好事者：对，可是另外2个孩子呢？如果张三穿的风衣是张二的，那么张二就没有风衣了。张一也是一样的情况。

记者：这是自然，我们要记得，时间旅行可以，但不能引起悖论！所以同一个时间在不同的地点不可能有同一件风衣。

女士：难道不能有3件风衣……

好事者：……不同的3件？不好意思，不可以。再说了，如果真是这样的话，那您也不能说3个小孩儿穿的是同一件风衣了。

女士（灰心状）：好失落啊！我特别想和穿着同一件衣服的3个小孩儿照一张相。

好事者：这样的话请您在行李箱里放3件风衣。

女士：可是我没有3件码数一样的风衣……2岁小孩儿们我是一个接着一个有的，不是同一时间有的。

记者：好吧，亲爱的女士，从此可以得出时间旅行和朴素没有那么容易调和！总之祝您旅途愉快！我们下期节目再见！

图像有时候可以作为语言的完全替代：它是标识，是艺术品，是一个寓言故事；但是大多数时候它又如此模糊，让人琢磨不透，开启很多可能和不确定。但是有一点可以肯定：没有语言就没有办法做数学研究。是语言给了数字以称呼，给了逻辑的基础。

第三章

右还是左?

是我，总是我。我身处远程操作控制室。伟大的外科医生的注意力被控制板所吸引，板上的按键代替了字母表的字母，使用具体概念传达指令，比如"缝针"键或者"鼻子"键。多亏了新的光纤电缆和一台即时将指令转化为行动的机器，手术可以在五千公里之外的地方进行。为了最大限度地保证信息安全传输，我们用概念按键取代了模拟系统。

如今有些事却没有朝正确的方向发展。所有内脏器官的按键——"肝脏"键、"心脏"键等等——先是开始闪，后来甚至都熄灭了，标志"右"和"左"的按键也不工作。"还好，"伟大的外科医生想，"标志'上''下'与'前''后'的按键还能用。我可以用它们来找到我需要的身体部位。"其实此刻的手术需要切开病人的左手。

你明白了吗？这时候外科医开始思索如何在避免使用失效按键的情况下重新定义左手。"……把病人的两只手的小拇指都朝前摆放，手掌朝上。那么需要被切开的手，大拇指朝……"朝左！不行，再来一次，"你们把两个大拇指都朝下，手掌朝后。现在需要处理的手掌，小拇指朝……"朝左！根本办不到。没有左和右的按键就无法区分它们吗？说明这两个是初始概念、无法被定义。想要区分左和右——外科医生想——需要搞清楚它们到底是什么！

外科医生想到，自己的丈夫也很难区分左右，他每次都需要参考一下自己的哪边手腕戴了手表才行。"太奇怪了，"她想，"他是如何做到每天早上都正确地把表戴在左手手腕上的？如果仔细想想，或许他是知道哪边是右哪边是左，但每次都需要在大脑里面过一遍，慢慢就厌烦了。一旦开始用表辨别左右，很容易把表当做概念上的捷径……"

　　一段时间过去了。我观察着外科医生，看到她大脑疯狂运转，试图寻找一条出路，可是她的思路总被这个问题的本质拦住。"我开始以为这些是初始的概念，但也不完全是这样！如果我得到了右的概念就可以确定左，反过来也一样。如果仅仅'右'键能用，那我就可以和那边的团队说将手掌朝下，小拇指朝前，需要切开的手大拇指朝右……"那么无法定义的其实是"右左"这个组合。好吧，亲爱的外科医生，已经这样了。两个按键都坏了，这真是太令人遗憾了。

　　仔细想想，如果"上下"，"前后"两个按键组合坏了，我们应该会有类似的问题（但是其他的任意组合坏了就不一样了，比如"上"和"左"）。"不过如果'上下'组合坏了我们还可以应对的，"外科医生注意到，"只需要参照天花板和地板就行了。'前'和'后'组合坏了的话按照面部和颈背区分就可以。有问题的是'右'和'左'组合。我们或许可以定义肝脏在身体的右边，心脏在左边。可是内脏的按钮也不好用，而且人体外部看来是对称的！"要是周围环境中有什么可以区别左和右就好了，就像用天花板和地板可以区分上和下一样……

　　"对啦！"外科医生喊道，"还有地球的转动！"

只需要将病人的大拇指沿着和地表平行的方向，双手手掌朝下，手指朝前，那么在幸运的巧合下，某一个遥远的国度，太阳在此刻升起，如果找到大拇指朝着太阳的手：这将会是左手。东部在右边。

我仔细地继续观察着这位外位科医生，她正满意地验证有没有"平行""太阳"和"升起"的按键……噔噔！这不，她终于发出了指令。接下来会发生什么？外科医生一动不动地注视着监视屏幕。她惊恐地看到手术室中的手术刀开始切开病人的右手。我们大家都看见了。同事们的目光都石化了。外科医生因为羞愧脑袋里面一团糟。她明白这个错误将会对自己的职业生涯产生多么重大的影响。可是为什么呢？她哪里错了？或许是因为地面上的罗盘方位，以及上和下并不是绝对的？我继续观察她，不知是不是要告诉她。我闭嘴。

无语

他：前一段时间我写了一本全是字没有图片的书。

她：太棒了。不过我觉得这并不是一项艰巨的工程？

他：你马上就知道了，我刚完成了一本全是图片没有字的书。

她：我很喜欢这个想法。所以你做了一个相册集？

他：不是，没有这么简单。我想要创造一本真正的书，有真正的开头和结尾，组成它的图片之间有紧密的逻辑联系，发人深省，引人入胜……

她：……或者说观众……

他：……使得读者或者观众得知书的清晰含义，对我所说的深信不疑。相册集最多只能提供一个依照时间顺序的记录，而我的书呢……

她：等等。我们不是之前说过很多次了，图片是无声的？一张图片就算可以抵千言万语，可有时候也会发生相反的情况——一个字比得上一千张图片？你要如何应对这个问题？要想让读者理解你在说什么，尤其是暗示的意思，你必须给出一个线索。这个线索本身不能是一张图片。

他：半杯水哲学？

她：给我看看你要放在开头的图片。谢谢。（转向一个一直从窗户观察他们的好奇者）打扰一下，能告诉我您在这张照片中看到了什么吗？

好事者：我看到了一匹狼。一匹狼和小红帽。我觉得这个故事挺有名的。哦，不，狼递给小女孩一只装着黄油和牛奶的篮子，小女孩手里拿着一张十欧元面值的钞票，好像在准备给狼付钱。

他：不是的，您好好看看，小女孩正把钱往兜里揣呢。

好事者：也就是说狼刚刚买了一篮子东西？

他：当然不是。狼怎么会理解买卖这个概念呢？您再好好看看，我告诉您：您看这像一匹狼吗？夸张的特征，巨大的牙齿……

她（小声，略微有些挖苦状）："你的牙齿怎么这么大……"①

他：您想想，一匹真正的狼是不可能穿这么奇怪的服装。

好事者：唔，我还以为是一种漫画夸张的手法，或者那种适合小孩看的风格。

他：您怎么能这样想？我可只画完全现实主义的画。您看看小女孩的面颊，您看看钞票的水印！

她：确实都很现实主义。那你这匹奇怪的狼怎么解释？这是一只用夸张手法表现的狼，不是吗？

他：当然不是了！这是一座狼雕像的超级现实主义图片。雕像是夸张风格的，这个我承认。但图片不是。

---

① 原故事里小红帽的台词。（编者注）

她：你意识到自己正在向我的观点妥协吗？这位女士当然没有任何办法区分这到底是一匹正常狼的夸张表现图，还是一匹怪狼的现实主义图。必须得有人用语言告诉她。

他：不是这样的。只需要看后续的图片就可以了，书里面，它们会和我刚才给你看那张图片放在一起。

她：啊，确实更清楚了，小女孩正在擦拭狼雕像，还能看到雕像的底座。所有确实是雕像，它手里还拿着篮子。我知道你想说什么了：单独一张图片是"无声的"，但是一系列图片可以"讲述"一些事情。总而言之，你想创作的是一种引人入胜、由静止的照片组成的无声电影。一部无声图像小说。

他：这个类比不错，大家能一下子就理解。我坐飞机旅行的时候经常看我邻座的电影，权作阅读中途休息的消遣。我当然是偷偷地看，有时候没声音我也可以走进故事情节里。我全都能看懂！

她：确实，如今很多电影都拍得太差了，把声音取消还更好。

好事者：我正在看他的书：结构很完整。结尾把篮子挂到狼雕像上面很有意思。

他：为什么是结尾？

好事者：作为最后一张图片……

她：当然不是啦！这是第一张图片。

好事者：我怎么会知道？

他：书从第一页读到最后一页。

她：你要承认这是一种约定俗成。图片却不属于这个约定的范围。这位女士怎么能知道这张是第一页？

他：因为它在开头！

她：在开头？这也是一种约定俗成。开头取决于书从哪里开始。你看看第一张封面，书脊在左边还是右边？我们如何才能确认这是一本欧洲图片小说（书脊在左）而不是一部漫画（书脊在右）？如果是漫画，那我们看的就是最后一页。

好事者：我知道这个。这是漫画，这位女士说得有道理。但这位男士也有道理，这真的是这本书的第一页。

他和她：哦？

好事者：这位先生的书是从他多年在日本买的一本漫画的通俗改编作品。您看，这本书我刚好带在身边。您也看见了，和您的图片一样：狼雕像的臂弯里挂着篮子。

她：对了，有狼雕像的图片是他的漫画的最后一页。你的书脊在左，我打开封面，可以看到雕像和篮子，这是最后一页。所以（转向他）你不仅抄袭了故事，还把这个故事理解反了！

他：可是我……

好事者：不，不是的，故事的展开方式是对的，只是时间上不对。我给您翻译一下原先那本书的标题：《颠倒的小红帽》（Cappuccetto Rosso a testa in giù）。所有的人物都走在天花板上。书脊在右，我打开封面，看到提着篮子的雕像上下颠倒，这是第一页。

她：我都听晕了。不过我们还是能从这个故事学到一个道理：图片小说（在此意义上的还有无声电影）也无法独立发声。我们看得懂它，是因为一些关于图像的约定，甚至是因为编页和装帧方式。但不存在一张可以解释这些约定的图片。

他：很好。我会珍惜你们的反馈。唯一一个可以实现我的想法的方式是做一本回文的图片小说，一半的展开是颠倒过来的，一半是正常的。我现在就开始。

她：停下吧，求你了。无论你想用哪张图片，我们都可以找到一种不符合你心意的解释。就拿颜色打个比方吧，到底是一片草原的图片，还是一片草原的负片的负片？要想讲一张图片，你必须用语言表达出来，不然的话谁都搞不清楚。

好事者：这里是我新出的一本书。我可以讲讲吗？书的标题是《镜中的小红帽》（Cappuccetto Rosso allo specchio）。不过它既不是欧洲图片小说也不是漫画。这是一本日历。书脊在上部。

他：谢谢。不过，不好意思，这个怎么挂起来？我搞不懂哪里是前面，哪里是后面！

双重否定

他：我刚才在看索尔·斯坦伯格（Saul Steinberg）的漫画，特别好看。你看过《反射的阴影和图像》（Ombre e immagini riflesse）系列吗？你看看这本：水中倒映着一条闪电。因为闪电是"之"字形的，那么它在水中的倒影也是"之"字形的。反射的闪烁抵消了闪电的闪烁，重新形成了一条难得一见的直线闪电。就连杉树都被反射成为一个规则的椎体。也就是说：物体的"之"字形和反射的"之"字形互相抵消，仿佛发生了双重否定。（而像旗杆这样规则的直线，则被反射成"之"字形。）你不觉得这很奇异吗？

她：是的，斯坦伯格（Steinberg）是这方面的大师。

还有很多人模仿他呢，深紫乐队（Deep Purple）的专辑《内心深处的狂喜》（Rapture of the Deep）封面上就有一张这种图片。

他：反射也遵循双重否定规律的这个想法太有趣了。平面镜也有这个功能。镜子里的倒影是反过来的，但是如果你在另外一面镜子里看这个倒影，它会再次反转一遍，和初始图像一致了。

她：图像是这样，声音也是这样。你拿一张毛利奇欧·麦斯特尼（Maurizio Maestrini）的唱片，这位翁布里亚的著名钢琴家以反弹知名曲段著称，他会从最后一张乐谱开始读到第一张乐谱。如果你反过来弹奏他的录音《致爱丽丝》（Per Elisa）（举个例子）那么你会得到原来的版本。

她：呃，其实也不是。他反过来的版本丢掉了原作一些细微的渐变；正因为原作独有一些细节，再次反过来的时候是有区别的。

他：你说得对。语言也是这样的，不是吗？在术语层面上，双重否定也不等于原版，而是相当于。"可能"和"不是不可能"也是有区别的，这是句法上的区别，语义上没有不同。

她：双重否定也不总是相当于原版，"我同意"和

"我不是不同意"有很大的区别。

　　他：更别说那些双重否定等于简单否定的情况，比如说"你从来都不说话"（这句话的意思当然不是说有时候你还是会说话的）或者"我什么都没有做"（当然不相当于承认有的时候我还是做了一些什么的）。

　　她：这些可不是双重否定，而是两次否定，也就是增强否定，就像双份威士忌或者双份麦芽啤酒。

　　他：有些情况下还可以用三重，"我再也不买任何东西了。"

　　她：或者还有四重，"从来都没有任何人告诉过我任何事情。"

　　他：这个相当于"没有人告诉过我任何事情"。

　　她：这是"没有人告诉过我什么"的加强版。

　　他：也就是"没有一个人告诉过我什么"。

　　她：这种事太复杂了。我想说的是，在湖里或者镜子里，反射的过程是语义层面上的，而当你说话的时候，说出的话总会有一些影响——你不能忽略它。这有别于不要假装没有忽略它！

简单的真相

出版社社长：这个会开得真长，可我们还是需要讨论第106号手稿。谁读过了？

助理：我把第一章快速翻阅了一遍，觉得写得真的很好。我觉得完全可以将它发给一个外部读者审阅。

出版社社长：我们看看……情节摘要这里写着："写于2015年，讲述2050年的世界。工匠们为了反对标准化而发起了革命，结成一个精明而好战的联盟，发动了一场对抗跨国公司垄断生产和分销的不屈不挠的商业战争……"

助理：对2015年的世界描写得很好，写出了当时的明和暗、暴力和矛盾。日常生活的描写也很突出……比如（读）"汽车有方向盘控制方向，飞机有供乘客观赏风景的小窗子。当时有自行车和熨斗，智能机，家里的门有锁……"（接着又读了几分钟）

出版社社长：林荫道，酒吧的小桌子，冬季运动假期……都记录得很完美。感觉很真实，让人感觉自己就在那里，用手触摸了那个时代。

好事者（从纸上抬起头，嘲讽状）：红绿灯，暖气片，雨伞，炸薯条……还有什么？

出版社社长：您觉得哪里不对劲？

好事者：前几页的描述，字里行间充斥着言外之意。读者得到的将会是有偏见的信息……

出版社社长：别这样，所有的文本都有言外之意。写作就是指挥好言外之意，用三言两语在读者的脑海中创造一些场景。

好事者：是的，但是这里也太夸张了。我们读到的所有的描述都指向一件事。

助理：指向什么事？

好事者："2015年人们骑自行车。"这本书是2015年写的，但是讲的是对2050年的期望。根据我读到的意思，这句话是想说2015年人们仍然骑自行车。剩下的也一样：仍然有方向盘控制的汽车以及有小窗子的飞机。

出版社社长：确实如此，书的言下之意是曾经有过，2050年就没有了。

好事者：可是我们如今就是在2050年，这些东西还存在啊，不是吗？我想说的是，我们还有街灯什么的。

出版社社长：同意，但这是一个故事。它给我们展现了曾经的世界，也告诉我们2050年可能和现在大有不同。

助理：你们都说得很对，可是我们就不能一致同意一个更加简单的假设？这本书从来都没有用过"仍然"这个词。

好事者：不要说"从来没有"，不过你仍然可以说"仍然"。

助理：呵呵，很好笑。我想说的是，只说真相——也就是我们这位作者的情况（作者说在2015年有自行车的时候）——和在说真相的同时有言外之意，这两者从根本上对立。

好事者：当然了。但是我们这位作者想表达什么？

出版社社长：有人读了第二章吗？

背景和形象

形象（一个明亮的红圈；任性状）：我在这里。大家都能看到我吗？我在这里，请注意。仔细看我。请从这个方向看……请注意一下。您也是，第三排的那个人，请看这里……

背景：（浅黄色和浅蓝色；沉默状）

形象：我说您呢，后面的那个。请好好看我！注意力集中！我在这里。

背景（好像刚刚从一千年的沉睡中醒来状）：嗯……

形象：（摇摆状）我移到这里。我移到那里。你们看到我了吗？好嘞。现在注意了啊……我在这。看到了？我在这里。大家都看到我了吧，后面的已看到了吗？需要眼镜吗？各位！这里，这里！

背景：嚷嚷什么……能不能安静一下啊？

形象：谁说话了？大家别在意。大家请看我。这里，从这个方向。

背景：你一定要这么吵吗？你不说话大家也都看你啊。

形象：谁说话了？哎呀，别告诉我背景醒了，真烦人。你们不要在意，看我就行了。这里，对，就是这里。大家都看到我了吗？

背景：大家都看到了，都看到了，别担心了。你除了吸引注意力也干不了别的。你什么都有：形状圆润，颜色鲜红，大小合适。我能给予的就很少，我知道，只有几条特别浅的线。可是至少让我在安心做我自己的工作。背景也有自己的重要性。

形象（对注意力的短暂减少感到愤懑状）：哟，是吗？从什么时候开始的？你看根本没人理你。这个世界就是这样：大家只能注意到移动的东西，而你总是纹丝不动待在那里。你的线条蠢死了。看看我吧，咚咚，咚咚，看到我是怎么移动的了吗？看到我跳得多好了吗？大家都看到我了吧，对吗？我问你们呢，别看别人。看这里，这里！

　　背景：对你来说当然很简单……

　　形象（继续摇摆）：咚咚，咚咚！

　　背景：别太夸张了。你要记得，没有我就没有你。

　　形象：哟，真的吗？谁说的呀？

　　背景：这大家都知道的。

　　形象（不管不顾地摇摆）：咚咚，咚咚！

　　背景：我说得可是实话。你别再自吹自擂了。

　　形象：咚咚，咚咚！

　　背景（愤怒使它变红，以至于掩盖住了形象）：你看到了吗？

　　形象：这是什么把戏？

　　背景：我虽然不能动，但也可以变。平常我一直十分平淡，因为这是我的任务，我也很珍惜它。但只要我愿意，也可以让你消失。

　　形象（非常担忧状）：这里，我在这里！你们在看哪里啊，说你们呐！

　　背景：喊也没有用，现在没有人能看见你。就算看到你了，也看不见。他们无法被区分我们。

形象（惊恐状）：咚咚，咚咚，咚咚！你们看见我了吗？你们看见我了对吧？我在这里。咚咚，咚咚！

背景（变淡）：别担心，现在他们又能看见你了。你现在知道了吧，我才是掌控局势的人。你的画板也属于我。如果我愿意，就能让你消失。没有画板你什么也不是：你只是图片的一个简单组成元素，一个无法被区分的部分，就是我的随便一个什么部分。

形象（重拾勇气）：如果是这样的话，我也可以改变颜色。画板是我的，我也可以掌控。你看。（变紫）你看。（变绿）你看……

背景：你真的很自大。自大而且可悲。这不单单是颜色的问题。

形象（变黑）：你看。

背景：好，太棒了，继续。现在大家肯定都能看见你了。现在形势可是很清楚了：画板都是我的。你变成了一个可怜的洞。甚至可以说，现在我才是形象。看见了吗？你消失在后面，我的线条占了上风。

形象（重新变红）：把画板给我。它是我的！

背景（强化了黄线和蓝线之间的对比）：你有本事的话，试着夺回去呀？现在我是中间有个洞、背景为红色的条纹旗。

形象：咚咚，咚咚。

背景：你随便动。现在对于大家来说，你就是一个可悲的洞，透过我漂亮的线条可以看到的背景的一部分。这个部分动了，好像是我自己在动。

形象（停下来，精疲力尽状）：当然了，对你来说很简单，因为我是圆形的。但是你没想到吧，我也可以变形状。看着，我就要变了。（慢慢变成一个类似鱼的形状）你们看这里，大家都看到了对吧？我是不是一条红色的小鱼？

背景：我不否认大家能看到你。大家确实能看见洞，但是洞就待在那里，什么都做不了。洞属于背景。如果我愿意，不管你是什么形状，我可以一直是一面旗子，你呢，一直是一个洞。

形象：可这形状是我的。形状属于形象。

背景：对的。不好意思，你说得对，形状属于形象。但这也只能说明形状是我的，大家都看到鱼是因为能看到我这面旗子，我画板的内部是一条鱼的形状。别幻想了，你如今已经被降级成背景了。我对这个概念清楚得很。

火车上的肖像

他：我已经观察您好一会儿了。可以问问您在做什么吗？

旅客：我在画画。火车长途旅行特别适合我仔细观察周围的环境。

他：我猜到了。如果您不觉得很唐突的话，我可以问您一个更加具体的问题：您画的是什么？

旅客：当然没关系。我观察四周，画下周围的环境，比如这个车厢，车窗外飞驰而过的乡村……

他：我根据您观察周围环境的方式也猜到了这些。可是我注意到您还看向我身边的旅伴。从这一点我推断，您很有可能画的是肖像。这恐怕是一个道德问题。您画肖像并没有征求这位女士的同意。虽然她确实在这边睡了好一会儿，但是我觉得主要问题是您画肖像这个行为的合理性在道德上有待商榷。我相信，就连您自己——亲爱的肖像家——也不会喜欢在睡觉的时候被别人拍照吧？我们拥有自己肖像的所有权，难道不是吗？

旅客：我又没照相。您也看到了，我用的是纸和笔。

他：我不觉得这其中有什么很大的差别。不论是照片还是图画，都是肖像。

旅客：我丝毫不觉得这两个行为可以被放在一起进行比较。总而言之……

他（不耐烦状）：就算我的这个要求可能很不合适，我还是想请您坐在原位，给我看看您正在画的（我的旅伴）肖像。

旅客：首先……（话还没说话，他就夺走了她手中的本子）啊，您这么可以这样？

他（看了看画，突然站起）：我还要问您怎么可以这样？您给这位女士画了须和髯，羽毛装饰的头盔，滑雪护目镜和墨西哥斗篷！您这是毁谤！（把画还了回去）

旅客：请明确告诉我您想批评我哪一点。

他：您不仅在未取得他人同意的情况下画肖像，而且您画的肖像将别人用可笑的和不尊重的方式表达出来。

旅客：您的这句指控有好几个问题。

他：您到底想叨叨什么问题啊？问题都是您偷偷摸摸而且傲慢的行为引起的，这事儿说到法官那里去也是这样的道理。

旅客：首先，您怎么确定我画的就是这位女士呢？我画了一个穿着奇怪的人，可是您为什么觉得这是您的旅伴。

他：您刚才一直朝着她的方向看，还像肖像师一样比划，目光看一下纸再看一下画的对象。您画中左边的形象出现的位置正是现实生活中我的旅伴的位子。如果您现在照一张照片……

旅客：您一直尝试把照片和手绘的图像做类比。可是这样的类比丝毫不可能存在。如果您真的照一张相就会看到，您的旅伴不是我画的主人公。我的画和肖像没有一点关系。

他：那是什么？

旅客：我喜欢画长着胡子、戴着斗篷和滑雪护目镜的战士。我其实也不画别的，只擅长这个。我旅游的时候喜欢给我的人物找一些新的背景，比如今天火车的车厢。其实完全说实话，我还制造了一台相机，可以自动给我的人物加上任何背景。就在这儿呢，您看看……（突然拿出照相机，镜头对着女士，拍了一张）

他：您这是干什么呢？我们刚才说过未经允许不能照相，这回您可不是在画画了，我真是服了。

旅客：您看这个——（展示出一张照片，照片里女士坐的位置出现了那个大胡子，戴着头盔、斗篷和滑雪护目镜，嘲讽地看镜头）

他：这台照相机可以扭曲事实！它把世界的一部分消除了。我的女士去哪里了？您是一位赝造者。

她（醒来）：这么吵干什么？

他：你是不会相信的。旁边的这位旅客先是把你画得有须有髯，还加上了其他的一些装饰，然后用自己设想出来的一个器件给你拍照，还用一个胡乱穿衣、不拘一格的人把你从场景中替换掉了。

旅客：我试着解释很多次了，制造不反映现实的图像不表示对任何人有偏见，更何况我的图像从来都不反映这个或者那个人的任何特征。

她：让我看看……这个人物挺帅啊！我一直想要一个斗篷。头盔上的羽毛装饰也很好看！还有滑雪护目镜，也非常搭配！我就想变成这个样子！

他：不好意思，那须和髯怎么说？

她：哦，没有人是完美的。

概念涂鸦

涂鸦艺术家：还需要再喷两下……蓝色喷雾……白色点缀……完美！

路人：十分壮观的作品。我对涂鸦、壁画和涂鸦式签名等向来都有偏见。但是我必须承认，您的作品里有真正的艺术，这是……湿壁画？我可以这么叫吗？

涂鸦艺术家：哦，当然了，您想怎么称呼都可以。

市长：我看你已经画完了……很好，公众看起来很喜欢。（和路人握手）

涂鸦艺术家：是的，我花费了一些时间，背景的颜色改了两次。开始和最后的想法有些不同。我对这个结果很满意。

市长：那么我们下周日颁奖典礼上见？

涂鸦艺术家：有奖品吗？

市长：是这样的，我们决定推广街头艺术，为几个最杰出的作家委托制作了一些的涂鸦作品。周日，市民们会把奖品颁发给他们最喜欢的涂鸦（或者湿壁画）。

路人：很好，我也要投票。您的作品叫什么？

涂鸦艺术家：格拉韦洛纳托切（Gravellona Toce）。

路人（盯着涂鸦，掂了掂重量）：当然了，毋庸置疑是这个名字。

市长：好了吧？我们去看下一个，再见。

交警（磨蹭着不愿意走，转身）：对于这幅作品我持有一些保留意见。

市长：哦？挺好。是什么？

交警：请问一下，如果你要描述这幅画，会如何做？

市长：呃……画的内容完美模仿了一幅方向路标，

白色的边缘，双倍大小，上面有蓝底白字"格拉韦洛纳托切"。有什么不对的吗？我觉得这是一幅概念涂鸦。

交警：可是，如果我可以继续说的话，这幅概念涂鸦位于何处？

市长：就在我们这里，也就是距离"南—北"（或者叫"北—南"，取决于谁起名）高速一百米的地方。

交警：那路牌指向哪个方向？

市长：向南。

路人：我知道这位交警想说什么了。我们的镇子大约在"南—北"（或者叫"北—南"）高速的中间。指示牌朝南。

骑摩托的人（刹车。轮胎划过地面发出很大声音）：你们可以帮帮我吗？我想去格拉韦洛纳（Gravellona），可迄今为止我看到的所有路牌都指向北边。我应该返回吗？我觉得这个路牌比其他的好用多了。特别好看，色彩斑斓，真想在市长面前好好赞扬一番这巧夺天工的手艺。

涂鸦艺术家：不，不是的，你继续往前开，不要管这个标志。这是一部概念性艺术作品。

骑摩托车的人：也就是说这个路牌是假的？

市长：不是说这块路牌是假的，这是一块假路牌。

一件艺术品，您 　　　　艺术是自由的！无论是北还是南，您不能 　　　块路牌说谎！就像您不能指责列奥纳多（L　　　.o）在《岩间圣母》（Vergine delle Rocce）中没有很好地表现阿达河谷（valle dell'Adda）！或者批评凡·高（Van Gogh）那些奇怪的向日葵！

路人：用途和艺术用途可是有区别的。凡·高的向日葵在艺术博物馆里，而不是在植物书籍里。而《岩间圣母》，也没有人按照它来计划一次河边游览。

涂鸦艺术家：那么骑摩托车的人不应该把我的湿壁画当做路牌。

交警：相比留在高速上，或许把它移到市中心更好。

市长：可这是湿壁画！谁能挪得动它？

交警：我们建一座立交桥！就在这里，把高速公路建成环线。如果不能改变路牌，那么我们就改变环境！

"您不在此处"

尊敬的旅游局局长：

我注意到很多来我市参观的游客都需要查看区政府在复兴广场（Piazza del Risorgimento）的展示柜里提供的地图。地图上有一个巨大的红色贴纸，写着"您在此

处"，但是贴纸指的地方却是城市另外一边的市场广场
（Piazza del Mercato）。所以游客们只能先去市场广场，
之后才能用这张地图定位。您应该能了解其中的烦恼。不
知可否提供正确的地图，改进城市的发展计划？

F. 弗莱多（F. Furetto）

敬上

尊敬的弗莱多市民：

谢谢您提出的意见。您说得完全正确。这些地图属
于之前的规划印刷品，当时市政府还坐落在市场广场。区
政府制图部门会立刻修改地图。真理永胜！

尊敬的弗莱多局长

敬上

尊敬的局长：

新的地图没有问题，是正确的。但是它们有用吗？
您仅仅在上面加上了一个"不"字，现在游客看到的是
"您不在此处"。我看到很多游客紧张地去不同的的方
向，试着逃离这个地图指示他们不在的地方。我们不能好

好地把地图改一改吗？

F.F.
敬上

尊敬的弗莱多！

我们调查了这个事情，决定引入一种实验性的新地图。由于预算紧张，我们无法定制新的地图，也不能撤下刚刚重印的，我们在后者上加了"但您在彼处"的字样。这样一来游客应该会满意的。

局长
敬上

游客一：好吧，我们来看一看，试着找找方向……"您不在此处但在彼处。"啊，好，这个建筑物的标志说这里是复兴广场。所以我们不在那里，市场广场，而在这里，复兴广场。也就是说，不，我们在彼处，复兴广场，而不在此处……

旅客二：我刚从市场广场回来，因为我的地图说我不在那里。别去那里，不然您的地图就错了。啊，等等，我看到区政府正在分发的地图规划。（转向工作人员）我可以拿一张吗？谢谢……"您很有可能不在此处"。

游客一：我可以看看吗？可是……这是一张北极地图！

局长（经过这里，检查分发的地图）：当然了！我们的目的是提供准确的地图。您也确实不太可能在北极，因为您正和我说话，而我在统一广场！

游客一：可是……

局长：不要"可是"了。如果您有意见，大可以去北极，或者参观另外一个城市。我们这里，真理总是首要的！请您拿着这张地图，我们刚刚印刷的。

游客：亚特兰蒂斯（Atlantide）的地图？

局长：对。上面还写着"您一定不在此处"。你们游客总是在抱怨。你们应该感谢这些真实的信息！

不在场照片

将军：证据，我们需要找到一个证据。作为王国里最残忍地区的驻守者，我们很自豪：只有我们还把活着的囚犯封锁在监狱塔的墙内。我们建塔的技术是多么精湛啊！这可不是一层简单的砖头，而是一层一层叠起来的石块，没有一个人，没有一种工具可以从中逃脱。可是我们最近有一个犯人——也不知道他是如何做到的——成功逃走了……或者他其实从来就没进过监狱。巨石堵住花岗岩门框后不久，有人指证看到美因茨伯爵（Conte di Magonza）在人群中傻笑，还有一些人看到他在鹌鹑山（Collina delle Quaglie）。可是要获得搜查证，我们必须要确认伯爵没有被关在监狱里。

上校：可是，将军，没办法搜查监狱。

将军：没有办法。封住了，打不开，像坟墓一样。我们的监狱是坚不可摧的。

上校：群众的证词不够吗？

将军：程序上要求文件证明。比如一张照片。

上校：我们可以找一张伯爵逃跑的照片。

将军：但这就相当于批准了一张搜查令。我们要严格遵守程序。

上校：所以我们要拍一张伯爵不在监狱的照片？

好事者：不好意思，我从这里路过。你们知道什么是不在场照片吗？

上校：我觉得就是照片里少了什么东西的场景。

好事者：（拿出一个相机，镜头朝着天花板，按下快门）好了，我拍了一张伯爵的不在天花板的照片。

将军：很好，很好。这正是我们需要的证据。

好事者：可是您注意，从照片上可以清楚地看到，也是一张尼卡斯特男爵（Barone di Nicastro）不在天花板的照片。我们也确实看不到这位男爵。

上校：真是叹为观止一张照片，它可以证明两个不在场，一石二鸟（due piccioni con una fava）！

好事者：这样的鸟，一块石头可以击中好多个，可不仅仅是两个。因为这也是一张齐亚姑姑（Zia Gianna）的不在场证明。还有，看看这张亚伯拉罕·林肯（Abramo Lincoln）的照片：齐亚姑姑、尼卡斯特男爵、美因茨伯爵很明显也都不在。这里不在的人都人满为患了。

将军：我明白了，明白了。不在场不是一个可以看到的东西。或者说，它不像那些在场的东西一样，比如树啊天空啊什么的。要想看到它，照下它，总需要提出一个相应的问题。伯爵在吗？如果照片里看不到伯爵，那么我们就有了一张伯爵的不在场照片，如此而已。

好事者：所以我最开始拍的那张照片就是伯爵不在场照片，因为看不到他。

将军：这是一张伯爵不在天花板照片。可我们实际上需要的是一张伯爵不在监狱的证据。我们需要看不到伯爵在监狱照片。

上校：被派去据说是伯爵逃走之处的中校刚刚回

来。他给我了这么一张照片。

将军：我看看……我认识这个地方，这是关上后的监狱大门。

好事者：可以看到伯爵吗？

将军：当然不能了。照片是从外部拍的。

好事者：我们已经有两张看不到伯爵的监狱照片了。也是说两张美因茨伯爵不在监狱的照片？

将军：好吧，您说得有道理，我明白了。我们需要几张看不见伯爵在监狱内部的照片。

上校：这些怎么样？这是包工头在封住大门的时候照的。

将军：给我。天呐，太幸运了！这张照片上我们可以清楚地看到监狱内部没有伯爵！

好事者：我看看……是的……看不到伯爵。或者他在包工头身后？

将军：您为什么要搞得这么复杂！总而言之，其实啊……

上校：这张照片呢，是包工头从监狱走出来，关上身后的门的时候，他的侄子拍的照片。伯爵当然不在他后面；否则宪兵肯定会抓住他的。

将军：铁证如山！确实看不到伯爵。

好事者：或许看不见是因为他扒在天花板？

上校：另外一张照片我们也可以看到天花板，伯爵不在那里。

好事者：在床底？

数学法去语言机

好事者（戴着一副老式眼镜）：大家好，我相信你们会对我的新发明很感兴趣的！（照了一张黑板上三角形的照片）

她和他：这是什么？

好事者：这是一台数学法去语言机。它可以创造出你需要的抽象图像，也就是把抽象直观化。现在我将它设定为只向你们展示这个三角的拓扑特性。（照片一点一点从去语言机的缝隙伸出来，好像在冲洗的过程中做鬼脸，吐舌头。）

他：但这不是一个三角！

她：是一个圆！

好事者：其实从拓扑学角度来讲，圆和三角没有任何区别。拓扑学只能看到空间中封闭的轨迹。

她：不好意思，但为什么偏偏是一个圆？如果圆和三角之间没有区别，为什么不把一个圆表现为三角，而不是反过来把三角表现成圆？

　　他：您能不能试着给您刚刚洗出来的圆照一张。

　　好事者（不情愿地照做）：好吧。等一会儿。

　　她（用双手拿起照片）：这次成了一个正方形！

　　他：您的去语言机不怎么好用。

　　她：不是的，它非常好用。但是它把抽象直观化的功能并不是让人"看到"想要的特征。实际上，如果不配上一段叙述对正在发生的事情进行描写，它什么也做不了。没有语言，只用数字或者图形做不了数学研究。

　　他：我不信。男男女女的数学家都说过自己用直观感受、愿景和想象来指导研究。

　　她：想象一个正方形，然后沿着它的对角线对折，现在请回答：折叠后，不在对折对角线上的两个顶点重合吗？

　　他：我觉得它变成了一个三角形……嗯，我觉得是。

　　她：你确定吗？真的确定吗？

　　他：你这么一问…………是的，挺确定的。就当我确定吧：两个顶点重合。

　　她：你怎么就能这么确定呢？

　　好事者：你们观察过无数遍折叠正方形了吧，不是吗？这叫做直观推理。

她：您大可以试着折一百万次手帕，却永远无法将两个顶点完全重合。没有一张手帕是规则的正方形，所以在现实中是不可能把它完全对折的。这种情况下归纳法帮不了什么忙。

他：她说得有道理，这和实际物体没关系。我很确信顶点重合是因为我在自己的大脑中完成了这个过程，好像电影一样。

她：你又怎么能确定大脑里的折叠过程是精确的呢？不，最简单的原因可能是，你已经通过某种方式知道了，所以你才很确定。你知道正方形是对称图形，而且对角线还是对称轴（比如说这个特性并不适用于其他的四边形）。我再说一次，图像没有用，语言才能帮到你。没有语言，学不了几何。

比古斯（gooz）还多一点点的世界

他：这张餐巾纸边长为18mm还多一点点。

她：多一点点？

他：多一点点。

她：多一点点是多少？

他：大概是1毫米的20%吧。所以，18.2mm，或者还要多一点点。

她：还要多一点点！那又是多少？

他：我看不见，用放大镜也量不出来。

她：或许是因为餐巾纸不是规则正方形？

他：当然不是。精确不已公司（Precisini）出的餐巾纸都是规则正方形。我觉得我们被度量工具的极限限制了，而且标尺也只显示厘米，所以我对两个槽之间的长度只能做一个估算。

她：所以我们不是在做真正的测量。

他：我觉得我们应该承认度量总是会有一些"不严谨"。再说了，尤其是遇到连续的量，度量工具完全搞不定，比如说长度。如果我们想要计算桌子上手帕的数量，那就很轻松了。从原则上来说，这种单位是离散的：数一张餐巾纸，记一个数。相对地，如果你想要量手帕的大小，就取决于你用的工具可以"看到"什么。

她：有道理。但是我想说的是另外一件事。如果你觉得永远都量不完——我是说从原则上来讲——那你就没有在真正地在测量。测量意味着赋予一定的数量一个自然数，比如1.18，或者143，002，312。

他：不好意思，难道不能说餐巾纸的边长是18.2mm？

18.2可不是一个整数。

她：纯粹是修辞问题。说边长是182，这是一个整数了。然后在你定义测量的单位如何称呼，可它终归是一个单位。我们现在说的这个情况，则是1毫米的182%。你也可以叫它为古斯，那么就是182古斯。

他：呃，我觉得这完完全全是一个术语问题。我叫做毫米的单位对于你来说是古斯，那然后呢？就算我们用不同的方式称呼，仍然没有就它的测量值达成一致啊？

她：我们或许已经就测量值达成一致了，却没有就测量的哲学理论达成一致。用毫米的百分之几来表示测量值更方便一些，因为我们已经大概知道一毫米的长度，可想要表达古斯却比较困难，或许因为大家已经约定俗成了一种测量方式，而只有我一个参照古斯。但是，真正表达了这个测量值的是一个数字，那就是182。其他所有的单位都是形而上的衍生、概念性的说法。

他：为什么你对没有小数点的自然数有这么强的执念？

她：你试试测量餐巾纸的对角线，假设它的长度是整整200古斯（或者2厘米，如果你乐意）。

他：不妙，尺子只有两厘米长，对角线要更长一些。我可以用毕达哥拉斯定理（l teorema di Pitagora）：

$2^2+2^2=8cm^2$，8的平方根取两位小数点后两位是2.82。所以有2.8cm，或者282古斯，还多一点点。

她：多一点点。你看看你，还是没有在测量。取小数点后两位意味着你放弃寻找反映长度的数字。其实这个数字不存在。我们想要用的测量单位，比如乌斯（vooz）（相当于1微米，也就是1毫米的1‰）。你也可以写28,284乌斯，但你很清楚地知道这不是测量。你如果愿意的话还可以写成28,284,271nm。这也不是测量。如果是的话，那么它们都是对角线的长度，对角线就有不同的长度了。正如毕达哥拉斯教我们的，不存在无理数。或许确实存在无理数，不过它们什么都测不了。

他：可是8的平方根是无理数，也确实是我们这张餐巾纸对角线的长度。

她：不，这是根据边长的计算结果。计算不是测量。

我想要近似人生

他：我在读约莫·近似（Quasimodo Approximus）教授写的《即时数学指南》（Manuale di Matematica Istantanea）。它极大程度地简化了我的人生！

她：此话怎讲？

他：你听这句话："日常生活中没有必要精确计算2的平方根，1.41什么的。你们要满足于一个近似值。1.5好用得很。"

她：所以按照他的意思，边长是2的正方形对角线长就是3了。还有其他的什么内容吗？

他：当然了，"在日常生活中，不需要知道π的准确值，3.14什么的，有一个大致概念就行了。知道3就够了。"

她：直径为3的圆周长为9。什么，这是圆的平方！

他：你太搞笑了，如果你画一个边长为2的正方形，周长就是8，那么根据约莫·近似教授的理论，直径为2的圆，周长为9，也是你刚刚算出来的。如果用π的一般值和2的平方根算出来的周长是8.85。错误率少于2%！

她：别自作聪明了。2的平方根，你取了一个很粗略的近似值，接着用了π的默认值，结果还行，两次近似值的差异抵消掉了。这些数值也可以增加，不过，算出来的结果可能就没有这么好用了。例如有一个大正方形，它的边长是一个小正方形的对角线，小正方形的边长为2，大正方形的对角线的长度当然是4。不过按照约莫·近似教授的方程，结果是4.5，错误率为11%（我告诉你，这个值也是默认的近似值）。如果你按照这个规律继续画更大的正方形，错误率会越来越大，直到失去控制。

　　他：你说得对，但这不是日常生活中出现的情况。你画复杂的几何形状从来都不需要精确计算边长和角度等。这是工程师和几何学家的工作，并且如果他们追求精确，我们当然没有什么意见。可这些数值从来都不会是完全精确的。如果把数学应用到现实生活中，总会有近似的幅度，问题是决定这个幅度的大小。我喜欢记住纨莫·近似教授的方程，不用多想可以迅速知道圆和正方形的直径和对角线长度。你想要打包一个卷成筒的地毯？拿的绳子长度最好是圆直径的3倍。你想要把一个方头的筒塞进一个圆头的？那么圆的直径最好是正方形边长的1.5倍。

　　她：我刚刚给你买了一条1米长的皮带，除以3的话……哎呀，按照默认值我应该买错了。

无限精确的手册

　　发信人：手册编辑
　　收信人：新员工
　　亲爱的新员工，兹聘请您来我公司实习，实习内容为咖啡机手册的编辑。精确不已（Precisini）公司以其精心制作的产品闻名，而且我们希望可以通过新出的使用手册系列表现我们对精准的热爱。加油！

发信人：手册编辑

收信人：新员工

亲爱的新员工，新手册第1页的第1行，您写了"ABA型号咖啡机的主要整体构造为圆柱体，第二构造为正方体……"请允许我们向您指出，咖啡机的整体构造不是一个完美的圆柱体，因为它有一条线被缩短了。我们知道您向管理层报告"圆锥体"足够区分主要结构和第二结构（您将后者称为"正方体"，其实更准确地来说它的尺寸是一个底面为正方形的平行六面体），但请您注意，对于我们公司来说，提供完全反映真实情况的精确信息是绝对必要的。

发信人：手册编辑

收信人：新员工

亲爱的新员工，您一再忽视我们多次的衷心告诫，坚持在ABA型号手册的重要细节编辑上玩忽职守感到非常遗憾。例如——这个列表会很长的——说第二结构是一个底面为正方形的平行六面体并且至少有一个面高于其他的面是不够的；您应该具体指出是哪一个面，高出了多少。我们不断地提醒您，这还只是在第1页的第1行，整本手册有117页。我们咖啡机的使用者有权得到完全正确、无可争辩的信息。

发信人：市场部

收信人：手册编辑

大家好，我刚来这里，我想说我觉得ABA的手册有一些长。它的使用方法是填满咖啡滤芯，在底匣灌水，拧紧，放在火上，和我们公司一百多年来卖的其他咖啡机一样。我们难道就不能把它用半页纸讲出来吗？否则会把客户吓跑的，不是吗？还有，手册编辑部真的需要160名工作人员吗？

发信人：手册编辑

收信人：市场部

谢谢您的信息。是客户要求我们把每一个细节都解释清楚的。例如，1963年比安奇·切西拉（Bianchi Cesira）女士试着逆时针方向拧了好几个小时咖啡机，把螺纹拧坏了，还要怪我们没有解释清楚到底如何操作。1975年格鲁里斯·阿戈斯蒂诺（Grullis Agostino）打开了左边的炉子却把咖啡机放在了右边，把房子烧着了！

每一次我们都要出一个新的手册。总之，对于我们来说"半页纸"什么都不是。请告诉我们手册的长度到底需要精确到多少行！而且我们这里有162名员工，而不是一百六十名。

零容忍

女教授：今年还是像往常一样，有几个晚交作业的……尽管我们给所有人一个月的时间写论文。

男教授：你知道的，事情就是这样。他们一点一点地开始写，最后才刻苦努力，不过不是每一个人都可以赶在截止日期完成。我们给的截止日期是周三午夜，对吗？

女教授：完全正确。我们选了周三而非周日，是为了不让别人指责我们周末还让学生们工作。总之，你看这个……鲍里尼（Paolini）晚了1天，贝尔泰利（Bertelli）晚了6个小时，曼科尼（Manconi）干脆晚了2天。玛洛琳（Marolin）晚了25分钟。还有萨内蒂（Zanetti），午夜后过了6分钟交的。他们真的就没有办法按时交作业吗？6分钟，我的天。

男教授：你觉得我们应该怎么做呢？

女教授：我会把晚交的全部拒绝接收，连邮件都不点开。他们这样子对其他35个按时交的同学很不公平，包括罗索里（Rosoli），她虽然午夜前3分钟才交的，不过也算赶在截止日期之前。如是我们接受这些晚交的，虽然不会引起民愤，但肯定也会助长不满情绪。

男教授：不过我觉得，还是要区分像萨内蒂这种午夜刚过一点点就交的，和曼科尼这种完全不在意的人。如果我们一刀切，萨内蒂就和曼科尼成一类的了，而我觉得他更应该和罗索里是一个类别的。

女教师：就算我们不划这条线，还是要划另外一条线的。我不明白，相对于其他迟交的人，为什么要对萨内蒂这么优厚对待。

男教师：我想引入误差范围这个概念。所有的量都有一个误差范围，从速度限制到弹簧弹性的测量。交作业的时间也有误差范围。也许更简单的处理方式是在课程结束的时候告诉大家交作业的时间是这个月第一个周二的午夜之前，误差范围是……

女教师：是多少？我特别想知道你要给出的数值。

男教师：先定6个小时吧。这样合理一点。如果误差范围是30秒那就太可笑了，同样的道理，10天的误差范围也听起来很奇怪。

女教师：那你觉得这会带来怎样的改变？

男教师：这样的话，执行规则的过程中可以有一些弹性。

女教师：我可不这么认为。所有人听到截止日期是午夜，并且还有6个小时的误差范围，他们完全有理由认为真正的截止日期是第二天早上6点。贝尔泰利会中午12点交作业，萨内蒂6点再过6分钟。定一个有确切误差范围的截止日期相当于划了一个线，正好是一个精确的截止日期，不多也不少。

男教师：那我们的误差范围也有一定的误差范围呢？比如说，6分钟？在这种情况下萨内蒂也不会……

女教师：你太倔强了。误差范围是一个描述性的概念。它意味着我们认识一件事物（弹簧的弹性，角度的大小）采取的方式有一定的局限性。可是你提出给规范性概念加上误差范围。在错误的世界，一个误差范围只会产生一个新的规范，并完全覆盖了前一个。相信我吧，我们还是把萨内蒂归到贝尔泰利以及其他所有晚交作业者的类别。不管如何定义，晚了就是晚了。

大概一百二十九

她：你昨天晚上去开会了吗？怎么样？

他：非常有意思。大厅人特别多，大家听得很认真。

她：去了多少人？

他：要我猜一下的话，大约去了129个人。

她：怎么会这样，大约129？你给了我一个确切的数字。这个"大约"有什么用？

他：大厅有120个座位。我没有仔细检查，不过我觉得位子好像都满了。还有9个人（这个数字我数过了）站着。所以：大约120个人坐着，加上9个站着的，一共大约129个。

她：不好意思，可是你为什么不取一个整数，说"大约130个"？说"大约"的时候总要取整的。

他：也不总是这样。首先不可能有大约130个人，因为我们很确定人数不会超过129。我也一点不理解你的困惑。我可以理解如果说，坐着的人大约有118人，可能没有多大意义。正因为我不确定坐着的人有多少，所以我向上取整，说他们有120人（尽管也许更谨慎的做法是大约110人；总有空出的座位）。但是站着的人我数过了，我很清楚地知道有9个。所以一共有大约120个人坐着，整整9个人站着，加起来有大约129个人，而不是大约130个。给一个取整后的数加上一个精确的数，结果是一个取整后的数，不过并不意味着需要进一步取整。

她：那如果你没有算站着的人呢？

他：那我就对这站的人数取整，我会说大约10个人，加起来大约130个。

她：为什么是大约130，而不是大约大约①130？

他：因为两个以及以上的大约，加起来以后成了一个大的大约。如果你说"大约大约130"，那你表达的是对大约130这个总数有疑问，也就是说也许大约有130。可是说也许大约有130相当于说有大约130。因此不需要说两次"大约"。总而言之这个问题不存在。事实上，不是大约130。而是大约129。

她：好吧，两个大约不能加在一起。可是有时候它们可以互相抵消。举个例子，画出一个正方形的一条对角线。你无法得到两个完全相同的三角形，因为把正方形分成两部分的斜边不是理想的直线。得到的实际上是两个近似三角形，我们称为大约有两个三角形。但是这两个组合起来，得到的不是一个大约的正方形；我们得到了一个完完整整的正方形。

他：我举另外一个例子：假如昨天晚上没有一个人站着，而且所有的位子都坐着人。这样一来就有整整120

---

① 本篇讨论的重点是一个大约的数再加上一个确切的数，得到的是大约还是确切的数，以及两个大约叠加在一起等于一个大约，还是等于一个大约的大约。（编者注）

个人。他们当中大约有40个人戴着眼镜。这种情况下，大约有80个人没有戴眼镜。大约40个加上大约80个，得到了整整120。

她：对。所以两个大约加起来等于一个大约，或者在某些情况下，不会得到大约。一个大约加上一个确切的数字等于一个大约。这个大约，只有一部分经过了取整，总的来说我们得到了一个看起来很精确的大约。

他：没错！

减法标签

店主：不好意思，您在做什么？

行动主义分子：纠正这些价格标签。

店主：您在纠正这些价格标签啊。您对我的价格不满意吗？想让价格更低？您是反通胀委员会（Comitato Anti-inflazione）的？

行动主义分子：不是的，我隶属良好直觉委员会（Comitato Buona Intuizione）。实际上，我在把价格都往高里改。

店主：哦，很好，这个倡议让我觉得很高兴，当然了，按照原则来说：我可不是每天都能遇到把我的产品仔仔细细地提价的客户！

行动主义分子：我不是客户，是一个行动主义分子。我什么都不买，只想用正确的方式告知公众。（继续改正标签）

店主（绕着摊子转了一圈）：我们看看……您把价提高了，我却丢了客户。

行动主义分子：这个和我没关系。我只关心真相。

店主：苹果2.99欧元。您写了3欧元。可是苹果真的就值2.99欧元。如果您写3欧元，就是在撒谎。

行动主义分子：这是真实发生的：大脑看到2.99想的是2，而不是3。可是钱包对大脑想的事一无所知，买卖结束后客人少了3欧元，而不是2欧元。

店主：那又怎样？我一点也不关心什么大脑。我卖东西，就希望有人来买。

行动主义分子：您这不是怠慢了客人的大脑，实际上在用微妙的方式操纵它，阻止它看到真相：即苹果真正的价值大约3欧元。其实上是几乎3欧元。接下来，如果您愿意的话，我也同意您的意思，2.99不是3。但它更不是2！所以我写3比您撒谎——而且使用了一种阴险的方式——的程度要小。

店主：这个问题大家已经讨论过很多次了，我并没有被论据说服过。就算有人证明读到2.99可以联想到2，还鼓励了消费，可以下两个基准点总是有效的：第一，写2.99欧元并不是名副其实的撒谎；第二，写3欧元降低了客户实用性，因为他们要多付一分钱。

行动主义分子：在您似是而非的论证中，极大程度地利用了一种我们习惯的加法方式。

店主：这是什么意思？

行动主义分子：意思是说，如果我想说37这个数字，我们普通的计算系统是30加7。

店主：还有其他的方式吗？

行动主义分子：哦，当然了。现在几点了？

店主（从兜里掏出一块表，看时间）：还有10分7点。

行动主义分子：看到了吗？

店主：什么？

行动主义分子：您说的是"还有10分7点"。这是一种减法表达方式。您本可以说"6点50分"，这也没错，但是你用了减法系统。

店主：您想表达什么观点？

行动主义分子：我想出的主意就是发起活动改写您这些阴险的标签。（您看这里：芦笋4.99欧元，西葫芦3.49欧元；您觉得这合适吗？）我希望所有的标签都是减法方式，而不是加法方式！

店主：这有什么区别？

行动主义者：哦，您看，您如果这么问的话，我就已经赢了这个争论了。我们给苹果重新定一下价。它们不是2欧元99分，而是还有1分满3欧。

店主：毋庸置疑，这样效果完全不一样了。

行动主义者：看起来更贵一些了，不是吗？减法标签和加法标签说的是一件事，但是把欧元表示的价格定在了向上最近的整数。比起写"2欧99分"，写"还有1分满3欧"显得和3欧更近。在经济层面之外，也就是数学层面上，没有区别。但是在意识领域，您说的"效果"，是截然不同的。

换车厢

尊敬的投诉处：

作为一名铁路服务的接受者，我想指出最近发生一件的不愉快。上周日我短期度假归来，和儿子一起乘坐巴里-米兰线（Bari-Milano），11:06从圣贝内代托—德尔特龙托（San Benedetto del Tronto）站出发。为了避免麻烦出现，我们和往常一样预定了座位。可是列车出发后，我们还是遇到了很多麻烦！

　　分给我们的座位在8号车厢，在售票处问询后，我们去了站台D区等火车。火车入站后我们等前三节车厢（也就是11号，10号和9号）驶过后，上了刚好停在我们面前的那一节。看到走廊里挤满了人，我说："多亏我们在售票处问好了信息。"我儿子说："多亏我们预订了座位！"但是我们高兴得太早了。我们艰难地挤到了座位前，发现有两个乘客占了我们的位子。我们向他们出示了预定的票，不可思议的是，他们也向我们出示了预定的票。我们检查了以后发现票的编码相同。这怎么可能？或许是售票处的电脑出问题了？当然不是。"你们的座位在8号车厢，"两位乘客中的一位很客气地说，"而这里是7号车厢。""旁边是9号车厢，所以这里应该是8号。"我反驳道。可惜逻辑并没有获胜：车厢里的其他乘客纷纷证实我们坐错了车厢。

　　我们试着挪到邻近的车厢（拖着沉重的行李，打扰了走廊里所有的乘客），却来到了6号车厢。"他们给我们预定了一个不存在车厢！"我儿子开始呜咽。这个时候检票员来了，向我们保证："8号车厢没有被取消。它在火车的末尾，1号车厢之后。火车站通知没有说吗？"他还说："不要问我为什么8号车厢不在本来的位置。这列火车这样组成已经很久了。"我们问："你们怎么才会把它变回去呢？"他（有一些不耐烦地）回答："这不是什么简单的操作。我们需要三个空铁轨，这段时间铁路运输繁忙，几乎不可能找到。"我这么理解对吗？

A.P.

敬上

尊敬的A.P.女士：

我们对给您带来的不便深表遗憾，同时很高兴地通知您巴里—米兰线快车574号已被重置为正常的车厢顺序。请允许我们进一步指出，铁路工作人员的回答是正确的。为了改变车厢顺序确实需要很多个轨道。对于您乘坐的火车，我们需要一条轨道暂时存放断开的8号车厢（它位于车尾部），一条轨道暂时存放后续的1号到7号车厢，以及第三条轨道存放剩下的车厢并重新连接到8号车厢。（这种情况下，三段铁轨需要形成一个F形，不过也可以形成一个Y。）您也可以想象，这种操作的条件很难达到，尤其最近是游客人数增长的时段。再一次为给你带来的不便道歉，借此机会向您表达诚挚的问候。

投诉处

敬上

尊敬的投诉处：

谢谢您的回复。但我还是不理解为什么会出现这些复杂的情况。为什么要费这么大劲儿断开8号车厢，重新连在7号和9号车厢之间？换掉车厢上面粘的号码牌不行吗？

A.P.
敬上

尊敬的A.P.女士：

谢谢您的新信息和珍贵的提议。铁路的技术人员认为，把数字当做基数而不是序数更为合适：这样的话数字不论在哪里都保存自己的特性。8号车厢总是在第8个是最理想的情况了，但是有时候，顺序不可能总得到保证。鉴于给您和其他乘客造成的不便，我们正在研究另外一个解决方案，让车厢不和数字联系在一起，而是和字母表的字母。

投诉处
敬上

数字的称呼

他：没有比数字更精准的了，也没有东西比它更稳定。

她：是的。二加三等于五，就算你想要把五称作"四"。

他：对，就算我说"二加三等于四"，我说的还是二加三等于五。还好这样的问题几乎从来都不会出现。数字不仅很稳定，就连它们的称呼都很稳定。

她：这点我可没有那么确信。我们谈论数字的方式是很奇怪的。

他：给我举个例子。

她：没有人会说罗莎峰（Monte Rosa）的高度为四公里半，距离这里十六万米。大家都说罗莎峰有四千五百米，距离这里一百六十公里。但其实从数学角度来说是完全没有区别的。

他：我不觉得这是什么大问题。其他的例子呢？

她：如果我告诉你我的电话号码是十二亿三千四百五十六万七千八百九十？

他：你应该说是一二三四五六七八九零。这是大家公认的惯例。没有人一口气把自己的电话号码当做一串完整的数字说出来。

她：15到18年战争，16世纪，差10分7点（总数不等于负三），酒店701号房间在606号之后（一座七层的酒店）。

他：这些也是公认的标准。

她：我买土豆要付"一欧二"，本来有三欧，口袋剩下多少钱？

他：看情况，你说的是"一欧又二分"，还是"一欧又二十分"？或许你想说的是"一欧又两欧"，加起来一共三欧？

她：完全正确。

他：所以是交流的问题？

她：是的，并且交流是流动的，像风中的羽毛。例如，如果我说小回转（slalom）决赛前十名有三名是意大利人，我并没有指明最后一名是谁。但是如果我说前十一名中有三个意大利人，那你会怀疑这三个人中有一个是第十一名。

他：好吧，不过我也不确定。

她：但你肯定会不由自主地想："为什么这人说前十一名，而不是前十名，或者前二十名？显然有什么特殊情况。这个人没有办法把三个人都放在前十名，如果说前二十名的话不能表明第三个意大利人排名其实非常好。但是这样处理之后……"

他：每次我都会这么琢磨吗？我觉得不一定。

她：你当然会这样做，就算你没有意识到。交流虽然很快，大脑却可以同时做一加十①件事情。

好事者：讨论得不错，可"一加十"是什么意思？

她和他：什么？一加十是一个数字。排在十的后面。

好事者：啊，我懂了。"一加十"，从"一加上十"来。那你们为什么不说"十一"？

她和他：哎？

好事者：十一、十二、十三……二十一，二十二，二十三……

她：我们也说"十七""十八""十九"。不过这之前的数字，个位数在十位数之前："六加十"，不是"十六"，更不是"十和六"。

好事者：我觉得这个系统既可笑又难用。你们还有心思对交流挑剔来挑剔去的？法国人说"四个二十"——四乘以二十——来表示八十，瑞士的法语区人直接说"八十"。你们现在也改过来还来得及。这样心算要快

---

① 意大利语的数字从11到16个位数在十位数前。（编者注）

得多：十一加十一等于二十二。你们不用老想着"一加十"的意思是"一加上十"。

她：有些事是不能变的，数字（或者说它们的称呼）属于最好不要碰的范畴。讨论数字需要考虑到很多方面。

他：或者用纸和笔。你看这个2+3=5。

好事者：我从来没有见过这个。你们是不是想说II+III=V？

二加三等于四

她：你听说了吗？在格利泽876号（Gliese 376）附近的一个星球上，二加三等于四。

他：你想要说什么？

她：就是我刚刚说的。我不记得这个星球的名字了，只记得这个星球和我们的很像（有氧气和水），不过区别是，那里二加上三不等于五，等于四。

他：太蠢了。二加三一直都等于五，不管什么时候，不管在哪里。算术规律是通用的。

她：在那个星球上不是。

他：你想说那里的居民说五的时候用'四'这个

词？或者他们用"加"表示另外一种运算，而不是我们的加法？如果这样的话，我不觉得这是什么有趣的发现。算术规律是一回事，用来表达这些规律的词是另外一回事。我们也可以改变自己的语言惯例，可以从现在开始用"减"来表示加法运算，用"加"来表示减法运算。二加三仍然等于五，就算其表达方式是"二减三等于五"。

她：这些都不是。按照我的理解，那个星球上没有活着的生物，所以没有发展出语言。只是那里的加法运算不一样。

他：我一点儿都不懂你说的。

她：二加三等于五是什么意思？

他：意思是如果我们拿两个东西，然后再拿三个，我得到了五个。

她：也就是说，如果你要算先前的两个东西加上后来的三个得到的总数，要数到五。

他：没错。当然了，还有其他的方式解释加法，但是我觉得这样很直观，容易被接受。学校里就是这么教的。

她：我也是这么学的。也正因如此，你应该同意：算术规律并不一定是通用的（或者说分析的、先验的）。正如约翰·斯图尔特·密尔（John Stuart Mill）所说，它们只是简单的归纳陈述。

他：我从来没有见过这些术语。暂且假设我同意吧，可我还是不理解为什么那个星球一定要和二加三等于五反着来。

她：因为那个星球上会发生奇怪的事情。我们的归纳陈述没有考虑到这些情况。在那个星球上，每当你拿两个东西，然后再拿三个，其中一个会立刻消失。这样最后你只得到了四个，而不是五个。

他：你觉得由此可以总结出，在那个星球上二加三等于四？

她：我觉得很显然啊。总和从来都得不到五！

他：那如果你先拿三个东西再拿两个，一共有五个，还是说三个中的一个仍然会消失？

她：不，只有先拿两个再拿三个的情况会消失。如果你开始拿三个然后再拿两个，一共有五个。

他：这太荒唐了。所以二加三不等于三加二？

她：正是如此。在那个星球上，加法运算不符合交换律。

好事者（偶然地或者出于必要地路过此处）：好的，你们拿着。这看起来是一个可携带望远镜，其实也确实如此，但是非常强力的那种。用它可以清楚看到距离太阳系20光年以外的星星。

他：天呐，谢谢。可是不好意思，那这个有什么用？

好事者：如果我没有猜错的话，你们正在讨论格利泽876号附近的一个星球。

他：完全正确。听说在那个星球上，每次拿两个东西，然后拿三个，这三个中的一个会立刻消失，噗的一声，最后一共只有四个。

好事者：对的，我很了解那个星球。用这个望远镜你们可以观察附近星球上发生的事情。

她：正在发生什么？

好事者：在另外一个星球上，出现了第一个星球消失的东西。一个接着一个。

计算捷径

他：你能帮我一个忙吗？这个存钱罐里面放的都是我在兜里找到的一分钱面值的硬币。一共应该有一百个。你能不能数一数看，是不是这个数？是的话我就可以去银行换一张一欧面值的纸币。

她：非常乐意！（拿过存钱罐，倒出硬币，开始数）一、二、三、四、五、六、七、八、九、十……好，一百！

他：怎么可能？你只数到了十。

她：当然。但如果数到十都对了，我觉得可以总结出：数到最后也是正确的。

他：不好意思，这是什么逻辑？我说的一百只是一个假设。你应该数到最后来验证这些硬币到底是不是一百个。

她：我举个例子，如果你当时和我说，所有的硬币都是2014年的，我随机选择一定数量的硬币进行抽查，发现它们真的都是2014年的，你会觉得我们总结说所有的硬币都是这个年份很有道理。只要样本足够大，这就是一个非常普通的归纳概括。

他：和这个例子有什么关系？你举的例子是说这些硬币有一些共有的特性。抽样观测发现每一个样本都有这样的特性，可以总结出其他所有的硬币也有这样的特性。但是我叫你数一下这些硬币，数数并不是验证一项特性的过程。这不是一个归纳过程。

她：只有你这么认为。数学归纳法是一个很多人都认可的原则。

他：数学归纳法的应用情况完全不一样。比如说如果你想要证明每一个自然数都有某个特性，你只需要证明以下两点：（1）最小的数——零——有这个特性；（2）任何一个数，我们用n来表示，如果这样的特性，那么下一个数字，n+1也有这样的特性。如果（1）和（2）被验证了，归纳数学可以总结出每一个数都有刚才说的这个特性。这叫做"归纳"，因为第二个条件（clausola）中的n是随机选择的。可和你说的和归纳过程完全没有关系。归纳总的来说仍然是验证一定数量（无限）的物品是否有一项特性的过程，而不是数一定数量（有限）的物品的过程。

她：所以你觉得，要想数存钱罐里的硬币数量，我应该把所有的硬币都一个一个地过一遍？

他：当然是这样子了！数数这件事没有捷径。

她：这你就错了。我知道我的归纳概括过程不是非常可靠，可我那当然是在开玩笑。我可不同意说没有捷径。捷径是存在的，这我很确定。

他：真的吗？是什么？

她：举个例子，现在我已经数了十个硬币了，只需要再数九个就好了。这之后只需要先把前两排硬币摆放成正方形的直角，然后把所有的硬币放在十乘十的正方形内部，观察所有的硬币放在一起能不能把正方形填满。如果不行，硬币的总和加起来少于一百（我可以很容易就知道少了多少个）。数数非常无聊。不用一个一个数就能知道总数，有更加简洁、有效率的方式，有时候还会很有趣！

自指测量

他：我想知道这个裁剪尺有多宽。如果太宽的话，有的细节我量不好。

她：打眼一看，我觉得有几厘米宽。

他：好吧。我怎么才能确切地量出来呢？

她：不好意思，你手里拿的不正是裁剪尺吗？你就用它量。

他：维特根斯坦（Wittgenstein）说我们不能说巴黎的米原尺（metro campione di Parigi）有一米长。

她：故事还挺多。你拿着尺子的一头放在一边大约一半的地方……这样。然后读量出来的数字：两厘米又三毫米。和我刚才说得差不多。

他：我的尺子量了自己！不过只量了宽边，这是尺子不量的方向。你是不是想量一下它的长？

她：你就应该接受上面写得数字。这不是"量"，不过你也可以安心地说你的尺子"量"了一米（没有针对维特根斯坦的意思）。

他：我可以称裁剪尺的重量，可以测量称的长短。那我可以称出自己的重量吗？

她：当然了，不过也看什么样的称。我觉得板称不行，不过弹簧秤的话，只需要头朝下撑着，就得到它的重量了。它称了自己！

他：我还可以给这个表加一个装置，每次指针回零的时候跳一下，这样表就可以计算在我随机选择的一个时间间隔后过了多久。它成了一个给自己计时的表。

她：有很多自指的机器，其中有些还是测量器具。想一想可以建造自己的机器：它由一排搁在地上的乐高积木做成，轮子上的机械臂将最后把积木从一排的末尾移到开头，然后从头开始。

他：我觉得这种情况虽然看起来有分解和重建的具体过程，但实际上机器只是在移动。有些事情真的无法独自做的。例如没有支撑自己的机器：无法像明希豪森男爵（Barone di Münchhausen）①一样可以抓着自己的头发从池塘升起来。

她：不管怎么样，有一些测量工具，更多的是一些

---

① 德国作家鲁道尔夫·埃里希·拉斯伯创造的一个虚构人物。（编者注）

观察工具，具有自指的特性。你可以做一面能照出自己的镜子和一个观察自己的显微镜。

他：要是能知道什么做不出来才更有意义。如果真正严格谨慎地来说，维特根斯坦的尺子无法度量自己。

她：板称也无法称自己。

他：对的。可是为什么呢？

她：因为它属于一个更大的系统，这个系统中还有其他的物体支撑着或者固定着它。没有秤砣或者悬梁的帮助，它什么都测不了。

说话猫

她：这是说话猫的原型。你喜欢吗？

他：说话猫到底是什么？

她：让猫说话的一个装置。你把它装在项圈上，就可以记录脑电波，发出我们语言里词汇的声音。

他：啊，真好啊。好用吗？

她：我还不知道呢。为什么我们不在塔克西（Tuxy）身上试一试？咪咪……咪咪……过来。（把说话猫系在了毫不在意的塔克西身上）

他：它什么都没说。

她：当然了，你要按开关。好了。

塔克西：喵，喵，喵。

他：效果好像不行……

她：我迷惑了。或许还是哲学家唐纳德·戴维森（Donald Davidson）说得有道理？如果一只狗会说话，我们也听不懂。

他；塔克西是猫。

她：我觉得他是说所有的动物。总之说话猫是按照猫进行校准的。

塔克西：喵，喵。其实我开玩笑呢，大伙儿。这个小玩意儿好用吗？

他：我的天呐。塔克西说话了！可是它为什么要问说话猫好不好用？

她：因为它可以说话，但是它自己并听不懂它说的话或者我们说的话。总而言之，它是一只猫，不是一个人。但是不要担心，我已经预见了会有这个问题。来，我给它戴上耳机……

他：这是什么新发明？

她：翻译器。它可以记录人类讲的话，转换成适合猫的脑电波。

他：现在需要的都有了。塔克西，听的到我们吗？

塔克西：很好，谢谢大家。我有很多事情想告诉大家。

她：我们长话短人人说，电池很快就会没电了，是这些原型的设计问题。

他：我有一个问题人，不过有一些哲学性。

塔克西：说来听听。

他：你们猫有没有"禁止"的概念？我想说的是，当我们教你们不能用指甲抓沙发的时候，你们明白这是禁止的吗？

塔克西：我听不懂这个问题。你能调一下翻译器吗？

她：翻译器运行得很好。你哪里听不懂？

塔克西：当你教我不要抓沙发的时候，你是在做什么？

他：如果你抓了我就批评你。

塔克西：正如我所理解的。如果我抓沙发，你批评我。还有什么其他需要理解的吗？

他：呃，我说的是禁止抓沙发。

塔克西：我不懂。我抓沙发，你批评我。所以你在的时候，我尝试不抓。

她：什么叫"你在的时候"？这就是为什么沙发都被抓坏了！

塔克西：当然了，我呀，还是听得懂一些复杂的规则。如果我抓沙发，而你在，你会批评我。而如果我抓了沙发，你不在，你就不会批评我。

她：思路挺细致啊，猫女士。但是你为什么不愿意简简单单地这样理解：抓沙发是被禁止的。你到底听没听懂？

塔克西：我听不懂。或许你想说的是如果我抓沙发，我可能会被惩罚，因为如果有人在家，这个人会惩罚我？我理解有关某事发生的可能性之类的复杂规则从来都没问题。我的想象力很丰富。

他：我们不懂的地方是，你怎么就不能理解像"禁止"这样简单的概念。

塔克西：不能理解的是，你们为什么坚持给我讲一些神秘的概念。给我惩罚，或者奖励，我给你们一个清静的世界。

她：我还是觉得戴维森说得有道理，至少有一部分道理。

塔克西：你们人类真的觉得"禁止"还有更多的意思吗？看看安全带的使用情况吧。你们可以说禁止在车行驶的过程中解开安全带，但是我不觉得很多人都懂了。如果你加一句"如果不系安全带，要罚款"，所有人都系了。

还有，你们知道我想说什么吗？喵，喵，喵，喵……

他：好的，塔克西，我们知道这个玩笑了。

她：不是的，说话猫的电池用完了。我们别烦猫了，不然这位自命不凡的女士还要给我们上道德课呢。（塔克西把头扭过去，不屑状）记得把翻译器拿下来！

先驱者号（Pioneer）之板

1972年发射的先驱者10号探测器（Pioneer 10）携带一块镀金铝板，上面刻着卡尔·萨根（Carl Sagan）和法兰克·德雷克（Frank Drake）设计的标志性讯息。这个画像被认为可以被任何外星文明解读，上面还有两个态度友好的人类、两个先驱者号的图像，以及一个箭头——指示探测器来自我们太阳系的第三个星球：地球（Terra）。左侧的示意图是表示二进制的十四个数字，对应银河系14颗脉冲星的脉冲讯号周期。

发信人：外星科学部，佐侯克斯（Zohoks）星球

收信人：中央机关

尊敬的中央机关：

这份简短的报告证实了，经过七个泽昂斯（zeons）

的高强度研究，我们终于可以为佐侯克斯星外部星舰EZ001号上找到的EZ421号板其中97%的内容提供可靠的解读。这块板镀过金，因此价值低廉，第一眼看上去是不被制造者重视的，这个假设得到了其表面混乱线条的佐证。但其实第一眼印象是具有误导性的，我们有理由相信这块板包含真正的星际信息，其制造者希望发送给捕捉或者拦截到EZ001星舰的人。当然了，它平面四方的形状排除了其作为交流的用途；本部知晓的所有的星球上或者外星球上的交流系统，都应用更小的六边形作为交流支持。（几何部指出，目前不清楚如何用四边形实现存储。）

在解读铝板的内容之前，我们花费了一段时间搞清楚如何将其按照正确的方向摆放。最后发现大环应该属于右上角。所有重要的东西都在右上角，而这个环当然是板上最重要的元素。

攻克这个难题后，我们的诠释学专家提出，铝板代表星舰来源星球的生物。这是一种形态相当优雅的生命

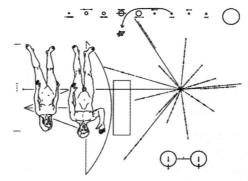

体：有六只脚的星星，其中有的脚比别的长很多。这个星球可能以不同大小的环为食，其中一些环还配有长臂，可能是用来设计几何定理的。板的左边有一些柔软的曲线连在一起，组成一些有棱有角的形象，我们无法解读。这可能是一张地图，或者是一个软字母通信系统。也许只是简单的制造缺陷。

结论：本部认为有合理理由继续调查EZ001舱的来源。星星形状的生物和我们非常类似，尽管他们手臂的数量有限，不像我们有一百零七个。

无论是网上世界还是外星太空，我们对未知事物的探索以自己现有的认知为基础，既省下了很多麻烦，也可能闹出很多笑话，出其不意的反向思维给认识世界的方式提供了另外一种维度。毕竟人的喜好天差地别——你永远是别人世界的外星人。

第四章

Avatar

我知道，这个词从梵语来。"avatar"的本义是"下凡"：一个神灵降临到世俗世界，化身为凡体。比如说根据印度教（religione induista），黑天（Krishna）和罗摩（Rama）是毗湿奴（Vishnu）——三相神（Trimurti）中维护之神的化身；对于基督徒来说，拿撒勒城（Nazareth）的耶稣（Gesù）是（事实上是，名字也反映如此）圣经里上帝的化身。

可今天，avatar这个词有了另外一层意思，你也知道的。如今我们自己就有avatar。我们凡人作为电脑游戏里的英雄、社交网络中确定身分的标志和注册网络角色扮演游戏中的人物而重生。你会告诉我这个术语的新用法只是原义的引申。我知道，但并不是如此。你好好想想。你不会化身到你的avatar里；而是脱身（de-incharni）。你没有从我们的世界降临到一个低等世界，而是投射到了一个平行的缥缈世界，一切是虚拟的。投射后，你把自己身分的很大一部分抛到了脑后，区别正在这里。你来这里是为了在另类的人生中挑战自己。大家都是这样的，想要否认是没用的。我们不是我们想成为的人，而是成为不是我们的人，而avatar承载了我们的梦想和幻想。

角色扮演游戏是最有意思的。你试过了吗？聊天室和电脑游戏里不怎么需要说话：你选一个标志或者一个人物就可以了。噔噔！这就是你的avatar，扮演它吧。而角色扮演游戏就不一样了，每一个人物都是不同的，在玩家的控制下慢慢成长，修改自己的性格，在每一场游戏里日复一日、年复一年地进化，在游戏的规定范围内无限发展。如果前信息时代"纸和笔"的阶段里，avatar的进化动力和互动形式有限，如今有了互联网，我们见证了虚拟世界和虚拟存在的爆发，世界每一个角落成千上万的参与者实时沟通。相信我，所有的喜好都能找到自己位置：从科学幻想到恐怖，从幻想到商业，从运动到生态。

我？我选择哥特。我的世界——我avatar的世界——充斥着吸血鬼和狼人之间经久不息的战火。注意了，这可不是我想要的。我在不知情的情况下被夜之女王哈玛莱娜（Hamalene）咬了一口后变身：那是温柔的一口，充满了触电感，是点击电子邮件中的一个链接后得到的制裁。我接受后，噔噔，成了吸血鬼。我现在是专家级别的吸血鬼，身后跟着一大群追随者。我不知道他们是谁，他们也不知道我是谁，或许我们永远都不会知道。但在某种意义上，我们认识对方。我们互写信息，一起幻想，挑战对方，互祝狩猎愉快。有一段时间我还是一个团体的成员，夜之风（Vento nella Notte），由重名先生（Mr Endiadi）创立并英明指导。加入这个团体要求做出一些牺牲完成一个仪式，尤其要遵从高贵而严苛的规则。首先是不允许骚扰更加弱小的狼人，必须要保卫年轻的兄弟姐妹。其实这些规则是有好处的，让我们的夜晚生活没有那么孤单、没有那么多人工的痕迹。在我们的城堡里，还有一个会客厅，我们的avatar可以在那里见面和交流，也可以在战时（吸血鬼和狼人之间的，没有真正的仇恨的那种战争）重新阅读《孙子兵法》（Sun Tzu）制作作战计划。现如今，我们在和孤独狼（Lone Wolf）团体打仗。我们有略微的胜势，可是他们诡计多端，只需一个战术错误就可能让我们失去胜利的机会。

这是异化？我知道，那些生活完美的人没有必要创造另外一个人生，更何况还是吸血鬼的人生。所以我说这是一种投影：是平行生活的草图。尽管大多数时候，这种投射和切实报复的心愿背道而驰。但这是简单的心理学，你应该可以理解。你有所不知的，可能是我对自己avatar有自豪感。游戏打得好，团体里的兄弟姐妹恭贺我——恭贺他——的时候，我感觉到光荣。我找到了一种在真实生活中从来都得不到的乐趣。请相信我，自己的avatar打仗，为了团体拿起武器的时候，我甚至会有一种愉悦感，一种微妙却深刻的自豪。我不是一个人。我很确定如果战斗结束时我们的团体取得胜利，重名先生也会感到真挚的自豪。还有特里佐戈勋爵（Lord Tryzog），勇敢的指挥官大人，他理所应当地得到了一种满足感：因为他指挥了一场精心准备、智慧协调、热情狂暴的战争。

有时候我问自己，真正打仗的人是不是不应该有这些感情。我没有和哈玛莱娜讲过，但是她也提了相同的问题。我们所有人都有这样的疑问：对于穷凶极恶的吸血鬼和狼人而言，这就是我们和真正的军队和活生生的敌人打仗时的感受吗？你告诉我。若果真如此，我们有一个提议。它们的起因当然完全不同，真正的战争不可能是游戏。可是我们这样叩问自己——我们也问你——不然的话它们可能成真。我们问自己，信息技术是否在为重要的一步做准备：虚拟战争。这将会是真正的、给人们带来真实感受的战争，不管是有计划的还是意料之外的，不管是短暂的还是持久的，不管是正义之师的还是不义的。引人入胜的战争，你可以这么叫。总之是躲不掉的战争。用鼠标作战，而不是用枪。

无人机？不，你还是没听懂。我说的不是电脑控制的战争。我说的是仅仅在电脑上发生的，正如我们吸血鬼和狼人之间的战争。我们avatar之间的战争，而不是我们之间的。我知道，我知道，没有人幻想以卵之力消灭枪炮。可每个人迟早都要面对工业转型，好好想想吧。我们学会了把生活中很多领域都交给硬件；网上战争也是一样。我们学会了网上购物，我们把整个图书馆都数字化；那为什么不一劳永逸地迎接炸弹和迫击炮的轰鸣声？或许用鼠标点击决定获胜者和失败者是不够的？

我知道，我知道，总会有精明人、商人以及喜好武力征服的人。avatar之中也有强有弱，因为没有人在一条起跑线上。战争就是战争，我知道。但正因为如此，好好考虑一下吧。砰砰！点击。

确保胜利

她（开启聊天）：我发现了一个可以挑战围棋大师（Gran Maestro）的网站。

他：你知道的，我围棋水平很弱。

她：没关系。你也上线就可以了，还有机会获得奖金呢。仅仅花10欧就能挑战大师，胜了可以赢得100欧。你还可以选执白子还是黑子。

他：我刚和你说了我围棋水平特别弱。不管是执白子还是黑子，这10欧我相当于扔了。

她：我玩得也不好。

他：我真不理解你为什么这么激动。如果你不想成为唯一一个失败者，自己不要玩就是了。让我玩，然后我们两个都得输，我觉得这个策略糟透了。

她：我的策略不是这个。我有一个更好的想法。

他：你讲讲。

她：假如我们两个一起玩，你执黑子，我白子。这样的话我们的对手分别是白子和黑子。

他：到现在为止，我是不觉得这是什么很棒的想法。

她：听我说。我们两个注册后，基本在同一时间开始玩。你等你的对手（白子）的走子，我等我的。你的大师走一步棋后，我从完全相同的位置开始我的比赛。

他：也就是说，你第一步棋是抄袭的？

她：完全正确。你继续听我说，你要等到我的对手（黑子）走子，这个时候——只有这个时候，你才按照他的走法下第一步棋。在那之后，我又抄你对手的走子，然后你又抄我对手的。以此类推。

他：我觉得这种做法不是很真诚。

她：可以保证最后我们两个肯定有一个人赢。这样一来我们可以拿回80欧的盈利。

他：为什么这么说？

她：因为如果我们中的一个输了，另外一个肯定赢了。例如，如果你执黑子输了，我执白子就赢了，因为我的棋步和你对手的完全一样。如果我输了，那你就赢了。实际上，这就好像我们的对手在和对方玩。我们只是他们的影子，胜者的影子也获胜。

他：或许没有两个大师，只有一个。

她：那就是我们两个和同一个人在玩，白子和黑子一起。这不能改变什么，要么就是白子赢，要么就是黑子赢。

他：有可能平局。

她：那样的话网上的规则说，可以免费参与第二场比赛。如果我们中的一个平局，另外一个也平局。所以我们可以免费把这个流程再过一遍。迟早会有一个人赢一个人输，那我们可以净赚80欧。

他：我知道有两个大师的话不太可能平局。可是我要提醒你，可能只有一个人，同时进行多场比赛。

她：我重复我的回答：这不能改变什么。就算自己和自己比赛也可以获胜或（说"和"更好）失败。玩家的身分没有影响，重要的是比赛，棋子的走步。

他：我承认在两种情况下都可能是很精彩的比赛！可是……

她：可是什么？

他：迟早会有人发现这个把戏。如果大师只有一个人的话，他很快就会发现。就算有不同的大师，我觉得监测比赛的人很轻易就能发现两场比赛是一样的。两场围棋是一模一样的概率太低了。

她：如果我没记错的话，克劳德·香农（Claude Shannon）计算过，八十步（每边四十步）能走出10的120次方个不同比赛。

他：没错。一个大得离谱的数字。你要知道，整个宇宙的原子总数大约是10的80次方。

她：所有的二人智力游戏，我们说那种公正公平的那种，从西洋跳棋开始算起，都能用这个方法。

他：所有的二人智力游戏，我们说那种公正公平的那种，从西洋跳棋开始算起，都能用这个方法。

他：哎哟……

她：你不要告诉我……你……你这人可真行啊！你正在和另外一个人聊天，复制粘贴了我的话！你手滑把我自己的话发给了我。或许……或许你正在写的句子都是粘贴另外一个人的……对不对？告诉我！告诉我！

（没有回应）

第一步

他：你想玩序列的游戏吗？一个人给出一个序列（比如说数字序列），另外一个人依照规律找出接下来的一项。我开始：1，3，5，7，9……

她：嗯，很简单：11，13，15……这是单数序列。

他：1，2，3，5，7……

她：质数！现在轮到我了：1，3，6，10，15……

他：我的天……

她：拜托！这些是三角数（numeri triangolari）。

他：三角数？这是什么？你不能用一个建立在我不

理解的概念上的序列。

她：你之前可没这么说。而且要找到规律，你不需要懂得三角数的概念。有其他的方法。

他：例如？

她：序列的第n项是数字1+2+3+...+n。

他：我觉得这不是一个规律。

她：1，22，333，4444，55555……

他：这个我就懂了。666666，7777777，等等。第n项是n重复n次。

她：你看到了吧？我脑海里可以有另外一个规律。例如：n（10的n减1次方）除以9。可是就算用了不同的概念，你的描述完全没问题。再说了，我可以想出一个不符合任何算术规律的数列。例如：1，2，6，7，8，9，15，18……

他：这是什么序列？

她：正整数里意大利语数字发音中有两个元音的。

他：或许再给我一点时间我就能想得出来！

她：还有康威（Conway）序列，你知道吗？1，11，21，1211，11221，312211……

他：等等，一，十一，二十一，一千二百一十一……

她：不，不是，你大方向错了。你要这样读：1，一个1，二个1，一个2和一个1……

他：我懂了，每一项描述前面一项！所以下一个应该是312211的描述：一个3，一个1，两个2，一个1……13112221！

好事者（从厨房出来，双手沾满面粉）：很棒。可是这个游戏没有意义。

他和她：什么？您在我们的厨房干什么？

好事者：我在做调味酱（besciamella），但少了肉豆蔻（noce moscata）。总之你们的游戏没有意义。一个数列不能被初始的那一段决定。

他：您在说什么？我们玩得好好的！

好事者：1，3，5，7，9……下面是什么？

他：我们刚才说过这个了。这就是普普通通的单数序列。

好事者：错了。其实下面是这样的：11，33，55，77，99……

他：好吧，那您不应该说到9就停下。这是单数序列重复一次，然后两次，然后三次，以此类推。后面的数是111，333，555……

好事者：错了，其实后面的数字是：131，151，171，191，313……

他：等等，我知道了！这是单数的严格回文格式。

好事者：错了，我继……

她：停。这位女士说得非常有道理。只靠初始片段没有办法确定无限数列的规则。这就好像在黑板上用粉笔画一条线，就问剩下的画是怎么画的。维特根斯坦如是说。

好事者：完全正确。

他：我从来没有想过这个。

她：你当然想过。你每次归纳推理的时候都会想。

他：什么意思？

她：找规律的游戏是我们一直都在玩的。我们挑战的不是数列，而是组成人生的一系列事件，想要试图赋予其意义，搞明白什么在等着我们。我们不歇地追寻掌控世界的规律：自然的、社会的和市场的。我们观察着目前为止所有的事件，试图发现它们遵循的哪些规律可以预知未来，正如找规律游戏。而且你很清楚，不管我们多么确信已经正中靶心了，可能还是搞错了。这就是归纳概括。

他：所以呢？

好事者：所以这个游戏没有用！

她：不是的。没法确定能把模式解读出来，并不意味着我们不用尝试了。

他：在某种意义上，现实世界的游戏可能还要更简单一些。我们玩游戏是为了赢，所以提出挑战的人试着想出一个难解的序列。现实世界可不一定是这样的。现实世界不一定想要战胜我们。

好事者：正确。只是从另外一个角度来说，现实世界的游戏要更难。因为至少我们给出了明确的初始片段。现实世界里，我们却从来不知道应该从哪里开始。

规定皆有例外

他：证明完毕（Come volevasi dimostrare）。社团主席说过了，要投票就必须亲自到场把卡片放进门口的邮桶。我去现场很麻烦的，但为了遵守规定我还是照做了。现在却爆出亚历山德罗（Alessandro）是通过邮件投票的。他可能真的有正当理由，但是规定就是规定，我的天！

她：当然了，规定就是规定。这个句子看起来像重言式（tautologia），但其实不是。可你自己也知道，规定皆有例外……

他：正因如此，我说了"证明完毕"。它把烦扰我的东西都排除了。真的无法看到所有人都遵守规则吗？

她：呃，在某种意义上，我们刚刚找到了一条这样的规定：规定皆有例外的规定。

他：这于事无补……总之，你好好想想，如果真的如你所说，我们就走入了一个悖论。

她：为什么它是一个悖论？

他：规定皆有例外的这条规定肯定是有例外的，不然的话就和它自己相悖。

她：请原谅我这么钻牛角尖，但是为什么它会和自己相悖呢？

他：因为如果它没有例外，那这条规律就违背了自己宣称的内容。

她：当然了！

他：什么当然了？

她：规定可以有自己的例外，但这不是悖论。相反，正因为它有例外，它被证实了，而不是被打破了。

他：如果它可以自证，那么就没有自己的例外！正因如此，我才说我们遇到了悖论。我们假设其他所有的规定皆有例外（否则我们的超级规则——暂且这样称呼它——绝对是错的）。因此，如果超级规则有自己的例外，那么它的内容为真，因此没有例外。可是如果这条规则没有例外，那么它的内容就为伪（和其他规则相反），因此超级规则有自己的例外。中心思想：超级规则只有当没有例外的时候才有例外。这是悖论。

她：这不就是埃庇米尼得斯（Epimenide）的例子，那位说所有克里特人（cretese）都是骗子的克里特人。

他：差不多吧。如果其他克里特人真的是骗子，那么有且只有埃庇米尼得斯说话的是假的，他说的才是真的，因为他是克里特人。

她：好可惜。有那么一个瞬间我还以为你说的是另外一个问题。

他：确实可惜。不管说什么，都可以归类到那个古老的说谎者悖论（paradosso del mentitore）。

她：哎，没事，也并不全然是这样。我们不要一概而论。

他：为什么？

她：因为所有的归纳概括都是错的！

例外组成的规定

他：佩特斯凯（Petrosky）教授真是一成不变。

她：谁？

他：佩特斯凯，我同事。我每次走到百老汇113和114

街区之间都能遇到他。一天能有两次、四次甚至六次。每次都是！真的是无法想象。这简直是概率论活生生的反例。

她：唔，我不觉得很奇怪啊。很显然你这位同事喜欢在百老汇的这个街区散步。如果他总是在那旦，我觉得你每次都能遇到他很符合逻辑，也可以说很有可能。

他：是的，可是你看到其中的悖论了吗？如果我每次都能碰到他，他也每次都能碰到我。如果他终日在百老汇散步度日符合我的逻辑总结，那么我终日在百老汇散步度日也符合他的逻辑总结。然而我知道情况不是这样的。我虽然一天路过几次百老汇，可每次只在那里停留一会儿。

她：我们一起捋一捋。第一种情况：佩特斯凯一直在百老汇113和114街区之间散步。这种情况下我觉得就不存在问题了：一方面来说，你路过那里的话就很可能遇到他，但是从另一方面来说，他肯定不能推断出你终日在百老汇度日，因为在一天的时间里他只有几秒钟见了你。

他：同意，但是这个情况不能解决问题。我知道佩特斯凯不是总在散步。他是我的同事，不是什么无所事事之人。

她：第二种情况。佩特斯凯有时候在百老汇113和114

街区之间散步。很巧地，每次他在那里的时候，你也在百老汇，并且遇到了他。

他：这种情况符合我说的问题：你不觉得这个巧合很难让人接受？

她：是的，的确很奇怪。我们暂且认为这是符合规律的例外。甚至可以说，本身就有例外的规律。我们要小心经验总结出来的归纳概括，因为有的时候会有一些情况，就像这个例子，会表现出完全偶然的规律。

他：好吧，不过这个情况还有一个额外的因素：不仅只有我泛化了佩特斯凯出现在百老汇的事情。他也可能泛化了我的情况。我尤其受不了这点。

她：这就是人生。一个人以为自己得到了重要的泛化规律，以至于把它当做真正的自然规律，然后意识到自己不管怎么样要对这个归纳概括负责。这就是为什么波普尔（Popper）要那么坚持证伪主义（principio di falsificabilità）。你试着在一天中不同的时刻去百老汇；很有可能就见不到佩特斯凯了。或者你试试待在百老汇一整天。你会看到很多人来来去去。有时候可能佩特斯凯教授也在其中，但他的出现不会让你那么惊讶。两种情况都会揭露那个令你困扰的奇怪巧合的真相：你和佩特斯凯有相同的惯例和相同的时间安排。

他：你知道我想说什么吗？我现在要给他打电话，建议他改变时间安排。

她：等等……电话响了。（跑去接电话）找你的……是……是佩特斯凯教授！

火星统计

斯格普夫三号（Sgopf III）：我刚刚收到一份关于地球的详细报告。

曼塔斯（Mantas）：可居住吗？

斯格普夫三号：情况要更好，已经有人居住了！主要物种是一种叫做"人类"的无毛两足动物。他们平均每日都要更换皮肤，使用不同的交通工具。总之这是一个发达的文明，和我们有很多相似处，连形态上也是。

曼塔斯：身体特征呢？不要说得太详细，给我主要统计就行。

斯格普夫三号：嗯，我看看……有四肢，两个眼球，一个心肺系统，平均每一个个体有一个睾丸和一个卵巢。

曼塔斯：雌雄同体（Ermafroditi）？

斯格普夫三号：不是的，有性繁殖。他们和我们一样也有两种性别。

曼塔斯：可是……我想说的是，你不是说这种两足动物每个人都有一个睾丸和一个卵巢吗？

斯格普夫三号：我没有说他们每个人都有一个睾丸和一个卵巢。我说的是他们平均有一个睾丸和一个卵巢。其实男性个体很大一部分有两个睾丸，女性大部分有两个卵巢。鉴于男性和女性的实际数量相等，平均一个个体有一个睾丸和一个卵巢。

曼塔斯：下次我们最好从性别分布开始说起……

斯格普夫三号：就按照你说的来。我还有其他的数据。例如，地球上非人类的个体平均有一只翅膀和一个胸鳍。

曼塔斯：我明白了，你想说的是鱼的数量和鸟的数量一样。你今天早上怎么了？活像一个天真的统计学家。

斯格普夫三号：这可不是天真，而是谨慎！我们不是很了解那个星球，在入侵之前最好万分小心，停留在一般情况上，避免过于精准的预测把我们引向歧路。

曼塔斯：好的，可是你用概括（generale）和平均（generico）的方式介绍事物，这和我们大脑无论如何都能看到详情相冲突，根据你的数据，大脑中构建的出来都是客迈拉①（chimere）。你向我描述非人类的生物时，我脑海中迅速出现一个鱼鸟的形象。这是不行的，要计划进攻，战场上不能有遇到半次意外的冒险。

斯格普夫三号：除此之外，这些数据终究是很有意义的。你看这个：人类的平均寿命是七十次他们星球围绕太阳公转的时间，换算成我们的度量标准后，他们和我们的平均寿命一样长。

曼塔斯：让我看看寿命的数据——不是你的平均数，而是原始数据。

斯格普夫三号：在这里。这是相对于我们人口的数据。

曼塔斯：和我预期的一样。我们的平均寿命确实一样。可是分布很不一样。很大一部分地球人类在六十和八十岁之间死去。我们几乎所有人都在产后大祭（ecatombe postnatale）的前十分钟内死去，幸存下来的人一直活到一千五百岁。平均下来相当于他们的七十岁。

斯科普夫三号：嗯，数据真相对应数据真相，这次我们用正确的方式来讲一次：我们明智人（Saggi）消灭了几乎所有的新生儿，才可以活这么长时间。我们星球由

---

① 客迈拉是古代希腊神话中的怪兽。（编者注）

于资源匮乏和污染严重，无法承受很多人口。

曼塔斯：细节，细节。总之我们入侵这个有希望的星球后，事情会不一样的。或许我们可以把产后存活率提升到千分之二，不用像上次一样被迫减少明智人好几个世纪的寿命。

倒置消息

天气预报。昨日本省北部多云。首府确认在13:28和14:41间有阵雨。24小时内一共记录到了20分钟的日出。12点之前的湿度为72%，之后上升到79%。弱西北风后有西风。海浪运动减弱……

他（关掉广播）：我们真是要为我们的气象服务鼓掌：总是如此精确，从来不犯错。

她：另一方面，我们的新闻服务这些年来却一直没有长进。你看这个，昨天《小报》（Gazzettola）报道："预计本省高速上会有12起汽车事故，其中3起有乘客死亡。还可能有3-4起抢劫，其中2起在北部。可能有106到110个新生儿，如往常一样，男婴稍微会多一些，还有95-100人死亡，其中8人为自然死亡。"诸如此类。

他：实际上，这都是估算和大概的数据。当然了，这可以帮助我们理解世界的运行方式，可是如果有一次的机会可以读到更加确切的"明天马尔克斯基（Markoski）女士会在陀螺（Trottola）路15号的人行道上摔跤，肩膀上的淤青会在十七日之后痊愈"也是不错的。

她：问题很明显：如果马尔克斯基女士和我们一样读了《小报》，那这个预测很快就会变成假的。而且我还听说，有一个省的报纸和我们的特别不一样，他们播报前一日的完全精准的新闻，正如我们的天气预报；播报后一日的天气预报给的是近似值，正如我们的新闻。

他：真的吗？我不知道为什么有人会对前一日的新闻感兴趣。这都是已经发生的事情了，不是吗？我关心的是知道明天去北部可能遇到哪些危险，而不是昨天有人在北部银行被抢劫了。

她：或许那个省的居民就是这么考虑天气预报的，觉得我们如此关注前一天的天气很奇怪。

他：我们会明白的……可是怎么会有人不关心昨天的天气？你看这个，东部海岸有12cm降雨量……仅仅20分钟的阵雨。我必须要记下来！

她：或许他们感兴趣的是明天的天气……

他：真奇怪！要是可以惊喜地看阳光充沛的乡村该有多好啊，或者开往首府的时候突然遇到大雾……

她：是的，多么有诗意啊。没有人可以剥夺我们的传统习惯。

他：等等，莱万特（Levante）省寄来了一个信封。啊，你看，里面有一份他们的《晓报》（Gazzucola）。我们看看新闻……"昨日，留院17日后，完全康复的马尔克斯基女士出院了，她住院的原因是在陀螺路25号的人行道上摔伤了肩膀……"我的天，是25号，不是15号。我马上要把这个记下来。好可惜这个信封今天才到。我们本可以提醒马尔克斯基女士要更加小心！

一燕成春

船舱勤杂工一（瞭望值班中）：地面——地面！

水手长：长官，我们可以看到地面了！横穿大海的旅途马上结束。我这就给全体船员下令准备靠岸。他们一定很高兴！

船长：别激动。在散播无用的喜悦之前，我们先核对一下信息。怎么确定看到地面的？

水手长：呃，您也应该听到了不久前勤杂工的通知。

船长：我听见了，确实听见了。但是我们能相信勤杂工吗？他看起来是完美无缺的人。可难道他没有可能看到的其实是海市蜃楼，或者因为太想结束这段旅程而犯了错误？我承认这段旅程对所有人来说已经开始有一些令人厌倦了。

水手长：勤杂工，下来！告诉我，你看到的是地面吗？

勤杂工一：我看到的树顶。棕榈树、松树和雪松。

船长：啊——，所以不是地面，而是树！

水手工：同意，可是正如无风不起浪，无树不成土地。因此我们完全可以推断我们看到了地面。如果树能飞走，那事情的走向就不一样了——这我同意。但树是不会飞的。

船舱勤杂工二：美国——美国！

水手长：船长，这次的喊声和第一个勤杂工的假设相符，并再次给我们带来了慰藉。我们的旅途真的要结束了。

船长：别激动，您总是怀有这种不可救药的乐观。你看到什么了，二号勤杂工？

船舱勤杂工二：我看到了沙滩，还有沙滩上用贝壳划出来的"欢迎"字样。

船长：好吧，好吧，好吧，美国就是一个沙滩？

水手长：别这样。如果勤杂工看到了甲，而甲是乙的一部分，那么她就看到了乙。追踪猫的狗只看到了猫的一部分，但这足够让我们知道狗没有跟丢猫，猫就在狗的眼皮底下，总之它看到了猫。它没有看到整只猫，但是它确实看到了猫。勤杂工没有看到整个美国，但是还是看到了美国。

船长：你们让我看看。（拿起望远镜，观测状）树，一片沙滩。我同意，我同意。但是这可能是海市蜃楼，是海底，是……

勤杂工三：春天——春天！

船长：够了！这太过分了。我们付勤杂工薪水是为了观察其他的船和海岸，而不是为了报告时间的流逝——这方面我们有表和日历就够了。水手长，赶快让她下来，审问她。

水手长：你也下来，跑步过来。是什么让你通知春天的到来？

勤杂工三：我看到了一只燕子！

水手长：可是一燕不成春！

勤杂工三：的确是这样。我们从南半球来，那里是秋天，我们朝北半球去，那里是春天。就在今天，我们会看到赤道北边的第一个海岸。燕子不会飞离地面太远……

船长：所以呢？

勤杂工三：因此他们从一个春天的海岸来！

品味的逻辑

他（气喘吁吁地走进糕点店；梳理了一下自己的喜好）：我想要一个奶油甜馅煎饼卷，都有什么口味？

售货员：奶油或者咖啡味。

他：那就奶油味，谢谢。

售货员：等等，还有巧克力馅儿的。

他：啊，真的吗？这样的话我就改主意了。

售货员：您说了算。给您一个巧克力味的奶油甜馅煎饼卷。

他：巧克力？您为什么觉得我要这个？

售货员（疑惑状）：怎么会这样，您刚才说您改变主意了……

他：其实我不想要奶油味儿的奶油甜馅煎饼卷了，请给我一个咖啡味的。

好事者（假装对蛋酥摊位很感兴趣；其实在仔细偷听）：不好意思，可您的举动不合理。

他：您怎么能如此无礼？

好事者：您在奶油和咖啡中间选了奶油。他们给您提供了第三种选择，巧克力。而您想让我们觉得现在您要选咖啡？咖啡与您在奶油和咖啡之间的选择无关。

售货员（迟疑状）：您看，我刚刚烤好了里考塔味的奶油甜馅煎饼卷。

他：真的吗？那请给我那个巧克力的。我对里考塔没有一点兴趣。你们现在满意了吗？如果你们真的这么较真的话，我就满足你们：我选巧克力的。

好事者：我觉得您过于紧张了。

他：这有什么不对的？每个人都会改变主意的，对吧？

好事者：是的，但是通常人们改变主意是有原因的。巧克力的出现不是一个从奶油变成咖啡的好原因，里考塔的出现同样不是从咖啡变成巧克力的好原因。

他：不是一个好原因？只有您这么觉得。如果我不知道有里考塔的话，我一定不会觉得换成巧克力的！

售货员（小声说）：让他说完吧。我觉得很奇怪。

好事者（没有那么小声）：是很奇怪。通常人们觉得理性是一件讲逻辑的事。如果一个人说："下雨了，但一点儿也没有下"的话，我们就应当担心了：坚持宣称一个矛盾是不理性的。可是逻辑不是全部。我们安排喜好的理性形式有一定的逻辑性。我们觉得这位先生没有那么理性，恰恰是因为他无法用相应的方式根据自己的喜好排列接收到的信息。他很可能在很多其他与逻辑没有直接关系的情况下也不理性。例如，他的喜好可能不是可传递的。

他（吃完了巧克力味的奶油甜馅煎饼卷，正在吃奶油味的）：要我说啊，这个奶油的确实要比巧克力的好吃。现在能让我也尝尝咖啡的吗？（品尝了咖啡味的）啊，太美妙了。比奶油味的好吃多了。不过我还是觉得它的确要比巧克力的难吃。

好事者（用手挡住嘴）：我刚和您说什么来着？这位先生的喜好不可传递的。比起巧克力，他更喜欢奶油，比起奶油，他更喜欢咖啡。然后他告诉我们咖啡确实要比巧克力难吃……

他：您为什么搞得如此复杂！请您相信我，这个奶油味的奶油甜馅煎饼卷真的要比巧克力的好吃。我再告诉您：巧克力的千真万确要更加好吃。来，您尝尝！

好事者：我觉得您接下来能和我说的，只有奶油味的要比自己更好吃了。

他：这个奶油味的要比自己好吃得很多。它确确实实比自己好吃，而且比咖啡的还要好吃！

盐、咖喱和耳机

客人一：这盘奶油西兰花蜗牛（lumache alla crema di broccoli）棒极了。我仅仅需要再加一点盐……能麻烦您把盐递给我吗？

主人：当然了，别这么客气。我们采用无盐菜谱有一段时间了，因为这样热量更低。

客人二：我同意，真的特别好吃。能麻烦您把咖喱递给我吗？

主人：什么？

客人二：对，咖喱。我觉得缺一点儿咖喱。

主人：为什么会觉得缺咖喱呢？您真的需要吗？

客人二（迷茫状）：呃，您决定吧。可是我不明白，为什么我旁边这位女士就能拿到她要的盐，而我就拿不到咖喱。哼，真厉害！

客人一：咖喱不属于菜谱的一部分。

客人二：盐也不属于：主人已经告诉我们了，他是按照无盐菜谱烹饪的。现在我们怎么说？

主人：味道没有变……

客人二：真的吗？其实我也很喜欢——和您一样——无盐食物。正是因为盐可以改变食物的味道。

客人一：这是口味问题。

主人：我承认，我不喜欢吃寡淡的食物。我饮食无盐是为了健康。

客人二：如果这是一个口味问题而不是健康问题，我不喜欢吃没有咖喱的蜗牛；至少我清楚，如果加了咖喱后我会更喜欢。

客人一：或许这已经成了一个教育问题？如果您要求加咖喱，就是在告诉主人他的菜谱不是很好。

客人三（满嘴食物，找到一个插嘴的时机）：不好意思，能麻烦您把烧烤酱递给我吗？

主人：当然了，拿着。可是……您这是做什么？您把它倒在了西兰花末上！

客人三：是的，别生气，我受不了绿色。请相信我，我不是讨厌西兰花，而且我对口味不敏感。但是一点红彤彤的色调，让这盘菜在视觉上变得更好看了，我吃起来也没有那么痛苦。

主人：如果是这样的话，我再给您拿一瓶，如果您需要的话。

客人二：我知道您是一个好人。我不能用咖喱为西兰花调味，而我旁边这女士却可以把她的西兰花浸透在一片可怕的紫色湖泊里。幸好她对口味不敏感，她的碟子看起来像是捣蛋鬼加尼诺（Gian Burrasca）的晚餐。

主人：这位邻座的女士说自己对口味不敏感。我觉得颜色是一个非常不重要的因素。

客人二：只有您是这么认为的。如果有人向她提供一份可以蒙上眼睛享受的美味佳肴当晚餐，之后我们向她展示第一道肉菜其实都是灰老鼠做的，我不觉得她会很开心。颜色其实很重要。

客人四：呃，真是大惊小怪。我和我邻座这位女士有同样的关于颜色的问题，不过我戴了紫色的眼镜。不是所有人都备有烤肉酱帮助我。

主人：这和我刚才说的一样。颜色是主观的，我们不必改变食物，只需要变换表象就可以；眼镜这个主意真不错！

客人二：哦，那味道难道就不是主观的了吗？反正如果真的有咖喱眼镜，我是愿意戴的。但是您还是会不高兴，我邻座这位女士还是会觉得我没礼貌。

客人一：如果不戴眼镜，而是给你鼻子下面放一块闻起来像咖喱的手帕，也不会让您的形象变好。

主人（出门；过了一会儿又回来）：拿来了。咖喱味的蜗牛！东方菜谱！

客人二（戴上耳机）：完美。耳朵还听到的噼里啪啦声，它们酥脆程度刚刚好。

出生的动机

他：几年前，意大利北部一个城市的市政府为了鼓励生育设立了一个基金，你记得吗？

她：当然了。此基金致力于帮助经济情况困难的家庭。不过它有一个特别的条款……

他：对。它只给那些决定不流产的家庭提供帮助。你知道最后怎么样了吗？

她：很简单，好几个需要帮助的家庭得到了资助。我觉得这不关流产什么事，只是为了引起媒体议论。

他：怎么理解？

她：决定生下一个小孩儿和决定不流产是有区别的。你可以先做一个决定，然后再也不做第二个决定。如果你决定去罗马（Roma），不是说你同时决定了不去米兰（Milano），不去马泰利卡（Matelica）或者其他任何什么别的地方。就算去罗马意味着排除了（在相同的时间段内）去米兰或者马泰利卡。对于我来说，去米兰或者去马泰利卡的主意从来都没有在大脑里出现过。

他：我明白了。做决定意味着考虑一件事的状态。

如果你从来都没有考虑过去马泰利卡，你连不去马泰利卡这个决定都没有做。而且不管你去没去罗马都是如此。不过我还有一个疑惑。在某些情况下，法律惩罚不作为（sanziona le omissioni）。逃避救援责任（omissione di soccorso）在很多法律制度中——包括意大利的——是一项犯罪行为，如果你能惩罚不作为，那就充分承认它是一项完全的事件，而犯人也无法辩解说自己没有救援被撞行人，毕竟只是什么都没做（而不是做了什么导致行人没有得到救援）。

她：我不确定我们的刑法是否充分承认不作为是一项完全的事件。确实有一项条款惩罚不作为，不过因为没有做什么事被罚和因为某件事没有发生而被罚，这其中有很大的差别。

他：同意，不管怎么样，不作为可能构成犯罪。你如果想惩罚这个行为，为什么不能让不作为——没有干什么事——成为动机行为？

她：你当然可以这样做。可是这就变成了一个认识论的问题了。你要保证需要动机的人真的有通过不做某件事情的意图来阻止动机的实现。在某些情况下，比如放弃流产，探究其动机是极其艰难的。

他（随意换台）：等等，有新闻。啊，看呐，长寿市（Comune di Vitalonga）决定给所有决定不辞职的人发放每月补助。而留下市（Comune di Restante）决定给所有决定不移民的人提供经济资助！还有法律市（Comune di Legalìa）决定给所有不带木棒去体育场的人送托尼甜面包（randello）！

她：你看市政府门口多少人。在窗口排队的人一直延伸到了郊区……

他：我们也去！

她：最终，今天我们决定一整天什么都不做。

输掉的诉讼

法官：谁想第一个发言？

罗西：我可以开始。在场的这位比安基（Bianchi）先生——是的，亲爱的乔治（Giorgio），从现在开始你对于我来说就是比安基先生——是我从小的挚友。我们是校友、玩伴，我们的人生之路从大学时代开始分道扬镳。我学农业，他学法律。亲爱的法官女士，他能选法律多亏了我家，实际上我们出了他的全部学费——因为我们之间亲密的友谊，也多亏了我已故父母当时比较优渥的经济条件。否则比安基是不会有其他上大学的可能。

比安基：我不否认。你要知道，我对你会永远怀有感激之情。

罗西：好的，但这不是我想说的。你自己提出了条件——你说你不想接受施舍，要努力通过赢的第一单诉讼把钱全部还给我们。

比安基：是的。可是你知道的，我学业完成后决定全身心投入音乐，放弃了在法律领域从业。

罗西：可事实是，现在距离你毕业已经过去了十年，尽管你承诺要还钱，可我还仍没看到半毛钱的影子。

比安基：我的承诺是赢了自己第一单诉讼就还你们钱，这件事情还没有发生呢。

罗西：当然还没有发生——没有发生的原因是你拒绝当律师。

法官：让我捋一捋。协议是比安基先生和赢了第一单诉讼之后返还罗西（Rossi）家给与的经济支持？

罗西和比安基：完全正确。

法官：比安基没有赢得任何诉讼，他决定走另外一条职业道路？

罗西和比安基：完全正确。

法官（对着罗西）：所以您基于什么原因要和比安基对簿公堂？我不觉得他违反了协议。

罗西：我们的共识是，他赢第一单诉讼是偿还欠款的充分条件：这个条件在比安基选择法律这条职业道路的假设中完全符合逻辑。他更喜欢另外一个职业在这里不能引起多大区别：钱他是有的，我觉得这是还钱的另外一个充分条件。

比安基：共识是我赢了第一单诉讼是偿还欠款的必要条件。而且此条件还没有实现，我不觉得自己应该支付这个钱。

法官：充分条件和必要条件确实有一定的区别。但如果协议说的是比安基先生在赢了第一单诉讼后给罗西家还钱，正如双方承认的，那么约定中提到的条件可以理解为必须是充分且必要的。

罗西：既然您都这么说了……

比安基：所以我有道理——缺少必要的因素，条件没有满足，我不应该付钱。

法官（对着比安基）：您的逻辑思维挺厉害。可是现在罗西家状告了您，而您自己为自己辩护，对吗？

比安基：完全正确。我很了解自己的权利以及打官司的流程。

罗西：他花我们的钱学会了权利和流程……

法官：这和本案无关。更重要的是，比安基先生，您意识到自己这样一来就陷入了一个陷阱吗？

比安基：什么意思？

法官：你们之间的协议规定，当且只当比安基赢了他第一单诉讼的时候需要还钱。在此刻，也就是我宣判之前，这个条件还没有达到；因此在此刻，收回欠款的必要条件还没有被满足。因此法庭无法根据有利于罗西的充分条件宣判。因此，我宣判比安基没有还钱的义务……

比安基：我早就知道。

罗西：可是法官女士……

法官：……这之后，当然了，暂时用非官方的形式，法庭决定敦促比安基遵守年轻时候签订的合同，返还给罗西商定的数额。

罗西：我早就知道。

比安基：可是法官女士，这样就互相矛盾了！您刚刚才说过我不应该付钱。

法官：法庭宣判您不应该付钱。这样一来，法庭判定了您的第一个胜诉。这个裁定的结果要求您有付钱的义务。没有任何矛盾。如果您不付钱，罗西先生第二次把您告上法庭有很大的胜算。本案结案。

隐藏的面

她（戴着耳机，哼着平克·弗洛伊德乐队（Pink Floyd）的歌）：我昨天看到了月亮的暗面。

他：不可能！不可能看见的！

她（摘下耳机）：什么？

他：我刚才说月亮的暗面，你永远都看不见的。

她：你和月亮隐藏的面弄混了。**隐藏的面**你才真的永远都看不见。

他：它们有什么区别？

她：用你的眼睛仔细观察。新月的时候，比如今天，你只能看见月亮的阴影区域（如果你能看见的话）。它就是暗面……如果你能看见的话肯定不是隐藏面。

他：你给我好好讲讲。所以暗面相对于正在观察的我们围绕着自己转？

她：才不是。月亮围绕着自己转，可不是相对于观察的我们。你看到转的部分是月亮的阴影；在阴影中的面一直在变。

他：所以总有一边在阴影里。

她：是的，但是量化的时候要注意。总有一个面在阴影里的意思，并不是有一个面总在阴影里。

他：你详细解释一下。

她："总是"是一个描述所有时刻的方式：这是全称量词（quantificatore universale）①。"存在"或者"有"意味着至少有一个东西具有我们讲的特性：这是存在量词（quantificatori esistenziali）。它们都决定于你如何处理其中的相对关系。有时候日常词汇无法区分。如果我对你说："每一个男孩爱一个女孩"，你理解到了什么？

他：我理解到了每一个男孩都爱他自己的女孩。

她：但是这个句子也可以理解为有一个女孩，所有人都爱她。

他：确实如此！这女孩真幸运！

她：或者说真不幸……你看，有时候我们可以消除歧义，这取决于不同量词的排列顺序。举个例子吧，请观察"总有一个人赢"和"有一个人总赢"之间的区别。前者是一个游戏规则，游戏中总会出现一个赢的人；后者有关那个常胜将军的偶然性。

他：这和月亮有什么关系呢？

---

① 在谓词逻辑中，全称量化是尝试形式化某个事物（逻辑谓词）对于所有事物或所有有关的事物都为真的概念。结果的陈述是全称量化后的陈述，在符号逻辑中，全称量词是用来指示全称量化的符号。（编者注）

她：我已经和你说过了，"总有一个面在阴影里"和"有一个面总在阴影里"是有区别的。暗面可以用前者很好地来描述，而不是被后者。

他：那么隐藏的面呢？

她："总有一个面被隐藏"和"有一个面总被隐藏"是有区别的。我们现在讨论的月亮的暗面可以用第二种方式来描述。

他：可是如果有一面总是隐藏的，那么也就是说，总有一个面是隐藏的。

她：没错。如果有一个面总在阴影中，那么总有一个面在阴影中。可是反过来是不对的。如果总有一个面在阴影中，并不意味着有一个面总在阴影中。你可以继续讨论月亮的隐藏面，可是《月亮的暗面》还是留给歌词吧。

关于倒霉

她：马克（Marco）遇到了一件倒霉事。

他：这次他又发生什么了？

她：他丢了钱包。

他：不要告诉我……

她：是的。驾照、身份证、医保卡、信用卡。

他：没有别的了？

她：他刚刚取了五百欧，这些钱也没有了。

他：希望有善心的人捡到他的钱包能给他寄回去。

她：寄到哪里？

他：家里啊，不然寄到哪里？

她：你还不知道吗？

他：不要告诉我……

她：是的。整栋楼都疏散了。前所未有的大水，他楼上的住户开着浴盆的水龙头去度假了，连天花板都塌了。

他：要把天花板弄塌是需要一段时间的……马克没有发现漏水吗？

她：如果不是他在路上被堵了四个小时，他应该能发现。

他：不是吧！他已经经历了一系列厄运了：在斯泰尔维奥（Stelvio）山顶自行车爆胎了，放在火上的平底锅引发了火灾警报……

她：……还有长水痘（他这个年纪还长水痘，你敢信？），狗把邻居咬了，邻居的狗把他咬了……

他：他真的是一个倒霉的人。

她（惊讶状）：什么？不好意思，这怎么说？

他（更加惊讶状）：啊？……你为什么要这么问？你没听到发生在他身上所有的事吗？

她：他遇到了倒霉的事，这是显而易见的。但我们不能因此就说他是一个倒霉的人。

他：我没听懂你说的话。

她：你应该要注意"倒霉"的含义。第一层含义，相对于是无害（innocuo）的。说一个人"倒霉"仅仅是"他遇到了倒霉的事"。这里讲的是一个人生活的一方面；有这样那样的事情发生在了他身上，其中不愉快的事情占多数。

他：正是如此。那第二层含义是什么呢？

她：第二层含义是特质性的（disposizionale）。或者说，它是在假设马克身上一种永久的特性——是一个倒霉的人，这就能解释他为什么总遇到倒霉的事。这讲的可不是他人生的回顾，而是特质、偏好，他自我的一部分。

他：我明白你想说什么了。正如不存在鬼神，也不存在倒霉的人。如果有一个人真的在这个意义上很倒霉，我们可以推断他没有好运。但是如果一个人没有好运，我们不能以此推断他是一个倒霉的人。

她：我觉得还有一些话需要说清楚。"倒霉的人"

这个概念，从特质性方面来说，是自相矛盾的。如果真的有这样的特质，那就不存在倒霉了：如果一个人本身有使事情变不祥、不利的能力，那幸运女神的能力就无处发挥了。

他：从更弱一些的历史层面来说，这个概念成了重言式：做一个倒霉的人很倒霉！

她：我觉得我们最好不再使用这个词了。当有人说："马克是一个倒霉的人。"一般来说，他们的意思是马克遇到了倒霉的事。可是听到这个陈述的人很容易就理解成了"马克是一个有倒霉特质的个体"。鉴于无法意识到这个概念是自相矛盾的，我们使用这个蔑称作为侮辱别人的方式："他这个人有带来不祥的能力。"给那些没有干任何事情的人——一个仅仅遇到了倒霉的事的人——制造了一个信任障碍。

双船头船

他：看呀，那艘古式帆船的线条多么优雅。船头尖细到都快看不见了，现在的船都是蒸汽铁船或大蓬驳船。

她：真的如此，这艘还有一个苗条的船尾。

他：建造船头和船尾，需要完成的任务有很大的差别；如今的船尾都造得很低，下水和回岸都更容易。古代的船尾是为不畏惧海洋的船只建造的，几乎都有又高又尖的船头。

她：造型和功能往往相得益彰。但是"船头"和"船尾"是功能概念还是造型概念？

他：你想说什么？

她：我们可以只观察船的造型，这种情况下，可以说船头是细长的那部分，而船尾是圆润的那部分，可是完全没有人禁止建造一条有圆润船头和细长船尾的船。

他：不管是圆润还是细长，船头是在"前面"的部分，而船尾是在"后面"的部分。

她：你是说，不管谁观察，有的东西有绝对的前面和后面？我觉得"前面"和"后面"是相对的概念。现在这艘小船在大船的后面，但是如果我移动一下，大船就会在小船的后面。绝对的前面和后面真的存在吗？

他：当然了。房子、公共建筑和书籍都有前面和后面，就算你移动自己的相对位置，这也不会变。就算你身处一个看起来像后面的前面，比如说把立面放在建筑物的后面，你并没有把前面变成后面。在这个意义上，绝对的前面和后面是存在的。

她：所以你觉得，船头和船尾在这个意义上是绝对概念。

他：是的。功能决定了什么是船尾、什么是船头。

好事者（翻箱倒柜）：真可惜现在水手们都不说"左舷"和"右舷"了。不管怎么样，轮渡来了。你们好好看看，它是完美对称的！它出海后不用掉头，离开码头正好朝着正确的方向，这样一来，车辆下船后不需要繁复的操作。哪里是船尾，哪里是船头？

他：你们让我想一想。

她：有两个可能性。这是一艘有两个船头的船。而且如果你将它一分为二，你可以很清晰地看见每一边都和一艘船的船头完全相像。它不管去哪里都需要乘风破浪，不是吗？另外一个可能性：这是有一个船头和一个船尾的船，但是取决于行进的方向。现在它朝东走，那么比较靠东方的部分是船头。如果它朝着相反的方向行进，那个船头部分就是船尾。在这两种情况下，你说的"绝对"和独特的船头概念不存在。

他：我倾向于第三种可能性。轮渡有两个船头和两个船尾。每一个船头在空间上和其中一个船尾重合，反之也成立。如果所有的船都建成这样，或许我们应该更改船头和船尾的概念。暂时而言，我们还是把轮渡当做是一个奇怪的例子。

空空如也的价格

他（在比萨店，看小票状）：我不明白。为什么我的四季比萨要11欧元？菜单上写的10欧元。

她：让我看看……嗯……对，当然了。你看到了吗？还写着"额"（Var.）。我觉得这个意思是"额外"。你让他不要加橄榄，对吗？

他：是的。里面确实也没有橄榄。

她：这就解释了多出来的费用。菜单上清清楚楚地写着，每一个额外的要求价格为1欧元。

他：这有什么关系？我又不是加东西。如果我让他加洋葱，那我可以理解超出来的钱。我的要求可是取掉橄榄。

她：总之是额外的要求。额外要求价值1欧元。

他：荒谬。去掉橄榄他们还赚了。按道理来说他们应该降低价格。你不会是要告诉我如果我让取捆帕尔玛火腿，我应该付12欧元？那我不要洋蓟是不是直接需要付13欧元？

她：我这正是这么认为的。

他：可是没有橄榄、帕尔玛火腿和洋蓟的四季比萨，相当于一个菌菇比萨。而菌菇比萨价格只有7欧元50分。

她：这取决于你点餐的方式。如果你从一个四季比萨开始，然后有额外要求，价格是13欧元。而如果你直接从菌菇比萨开始，7欧元50分。

他：那我要是从一个玛格丽特比萨开始，要求加菌菇呢？

她：7欧元，因为玛格丽特比萨6欧元，要想得到一个菌菇比萨，只需要加菌菇就行了。

他：可是同样的比萨有三种不同的金额，这完全没有道理。

她：价格不是根据产品定的，而是根据生产流程。

他：这太可笑了。按照这个逻辑，如果去掉菌菇和母水牛奶酪，我需要为一片咸面饼付15欧元。

她：当然了。五个额外要求，多付5欧元。

他：那如果我连面饼都不要了呢？你意识到这多么荒谬嘛？我要付……16欧元，得到了空空如也！

她：是有一点奇怪，可是推理过程完美无缺。总之我承认这不是一桩好生意。

他：还好，你承认。

她：我想说的是，如果你什么都不想要，可以付比16欧元少的钱。例如，你点一个那不勒斯比萨，不要西红柿、母水牛奶酪、腌凤尾鱼和刺山柑，你需要付11欧元，所以你连面饼都不要的话需付12欧元。没有西红柿、母水牛奶酪和面饼的玛格丽特比萨只需要9欧元。

他：这是什么生意！

好事者（在隔壁桌吃晚饭，认真听着他们的谈话）：总之是一个最坏的生意。您应该和我学。我买了三个却一共付了15欧。

他：啊？三个什么？

好事者：三个空空如也！我当然没有从三个玛格丽特比萨开始，也不是从三个四季比萨。我是从三个萨拉米香肠比萨开始的（这个你们肯定知道，每个只有3欧元）。

他：恭喜你，真是一桩好生意。不好意思，你为什么要了三个？空空如也，不是只需要一个就够了？

好事者：当然啦！或许您一个就够了，可是我在节食呢。

不可能的验证

他：我昨天被关在门外了。

她：还是那么不小心？钥匙忘了？

他：不是，我当时在做实验，我验证了一个理论。

她：关于什么的？

他：这些美式房屋的门都有一个弹簧按钮的把手——从里面只需要按一下弹簧就可以把门锁上，从外面则需要用钥匙。

她：当然了，这很方便，不是吗？而且从里面开门，扭动一下把手，弹簧就松开了。

他：方便是方便，可是这个结果很难验证。

她：什么意思？

他：我的意思是，你怎么知道门真的被锁住了？你按下按钮，然后会怀疑门是不是没锁上。你试着转动门把手……门就开了。

她：嗯……我懂了。所以你想好好验证一下，你按下了按钮，出了门，就被锁在门外了。是弹簧背叛了你！或许你也应该更加信任别人。如果有人说按钮可以锁门，你为什么不信按下按钮的时候门会锁住呢？

他：我就是这样的人，和托马索（Tommaso）一样，我需要验证。这就是冰箱困境。

　　她：冰箱困境？

　　他：你不会不知道吧。冰箱里面那个该死的灯烦得我睡不着觉。如果我关上冰箱门，会不会灯还一直亮着？

　　她：你也验证了……

　　他：……我也验证了，你想试多少次就试多少次，每次打开冰箱的时候灯都是亮的。我如何确定灯会灭的？

　　她：嗯，你看看内部，有一个和门联动的小按钮，如果门开的时候你按下小按钮，灯就灭了，不是吗？

　　他：是的，是的，当然了。可是关上门后会发生什么？或许这种情况下小按钮就不管用了。

　　她：你每次有了疑问每次无法安心，都需要验证，这样下去是不行的。冰箱困境已经让你睡不着觉了，对门锁的疑问把你关在了家门外。下一步会是什么？

　　他：我想要确认一下我银行账户上有多少钱。

　　她：那你做了什么？

　　他：嗯，我把钱都取出来了。放在了床垫底下。

　　她：你确定吗？

日常认知论

他：我不记得自己有没有吃药。

她：哎呀，你应该注意一点。

他：其实我觉得自己是已经吃过了的，几乎可以肯定。可是时不时又不确定了。

她：让我看看……还有两粒胶囊……这里写着一共有二十二粒……你是上周六开始吃药的……每天两粒……好的，你吃过了。

他：对的，对的，我也这样算了一遍。我觉得肯定是吃了，但是现在还是想要验证一下……好的，两粒胶囊，就是这样。好的。

她：你现在安心了？

他：还行。

她：怎么叫还行？我们可以干别的事了吗？我们还要去超市，挪床，修剪玫瑰……

他：你说我就做！我又开始疑惑了，让我验证一下。好了，还有两粒胶囊，所以我今天早晨的药吃过了。好的。

她：这不就和冰箱里的灯那次一样，不是吗？或者和上周乘飞机旅行那次一样，你每隔两分钟就检查一下背包，看票带了没有。但是时不时就把背包打开，更容易丢票……你失忆了吗？

他：不，不是的。如果我想一下，我清楚地看到了我早上吃药的场景，我们当时正在讨论要修剪玫瑰。

她：对，我也记得。这样一来我们也确定了药片数没有出差错。

他（十分忧虑状）：你想说什么？

她：没什么。但只剩下两粒胶囊不一定能够推断出你今天早上吃药了。可能你昨天多吃了一个，今天一个都没有吃。可是，当然了，鉴于我们两个人都清楚地记得那个场景……

他：幸亏如此！我其实记得所有我不确定自己到底吃没吃药的时刻。

她：那到底是哪里不对？

他：因为我是一个谨慎的人。当我需要确认一件事情的时候，我当下就需要得到确认，我之前很确定是不够的。我吃了药还是没有吃？我想要知道，想要当下就确定。再说了，我之前虽然已经确认，但也可能是记错了。如何确认自己曾经确认过呢？对了，顺便说一下……

她：停。担心你想的事或相信的事到底是什么情况很合理，可是过度担心就不合理了。这种态度如果一直发展到最后，你就会不眨眼地盯着剩下的药片，别的什么都不做。

他：不完全是这样。我只在需要的时候需要确认，而不是一直需要。比如说现在，我一点都不想要验证。

她：好吧！

他：可是，感觉来了，我现在需要了。让我再检查一下我药盒……好的……只有两粒胶囊而且我们两个人都记得今天早上的景象：我吃了药，我们一边谈论着要修剪玫瑰……好的……

她：你现在终于满意了，我很高兴，可以继续修剪玫瑰了！

他：对，对的，我现在满意了。可是我过一会儿还满意吗？我不能确定。

她：总之：你不确定自己是不是曾经确定过，你也不确定一会儿会不会还能确定。情况很糟糕。你有认知性的信任问题。你知道我在说什么，对吗？

他：我之前知道。可是现在我不确定还记得。也就是说……我知道我曾经知道，可是现在我不知道了！

增强坚硬的部件！

她：亚伯拉罕·瓦尔德（Abraham Wald）——终于有人会反向思维了。

他：这个亚伯拉罕·瓦尔德到底是谁？

她：罗马利亚裔美籍数学家和统计学家。我读的这本书上说，同盟国在第二次世界大战期间让他解决军事上的一些分析问题。空军的飞机战蒙受了惊人的损失，当务之急是搞清楚如何强化飞机，让它没有那么脆弱。强化飞机自然意味着增加重量，所以保护要越少越好，也就是需要加在真正不可或缺的地方。

他：这本统计学书里面怎么讲的？

她：瓦尔德开始耐心地观察执行任务归来的飞机，并在一个图表上记录所有的弹孔位置。这样一来就得到了飞机的平均弹孔分布图：黑色是有的飞机被击中的地方，白色的是没有一架飞机被击中的地方。

他：这个主意真棒。这样就可以只增强黑色的部分。

她：完全不是。瓦尔德的推断是：增强白色的地方！

他：怎么会这样呢？你不是说白色的部分是没有一架飞机被击中的地方吗？

她：完整正确。这就可以看出他反向思维的能力。

这些对图表的观察都是基于回到基地的飞机。你看，这些飞机尽管被击中了还是能回来。因此给它们造成的损害——对应图表上的黑色部分——不是致命的。换句话来说，白色区域没有标记，毫无痕迹，很可能意味着他们得救的原因正是这些部分没有被击中。同样很可能的是，没有回到基地的飞机正是这些部分被击中了，只是没有办法被观察到……

他：……也是因为这样它们才被击落！

她：推理通常是从无知到已知的飞跃。我们知道一些事情，做了一些观测，在此基础上试着推论出其他的事情。当有的观测无法实现，比如被击落的飞机，推理应当细腻一些，找到不寻常的路，就算有时候这是有悖常理的。

诊断佐剂

医生：您哪里不舒服？

患者：这里，还有这里，左边手腕旁。

医生：是哪一种疼痛？

患者：灼烧的感觉。一阵一阵的，好像在搏动。

医生：唔……不是特别清楚。您等我开启新的疼痛

敏（Dolorette）（从抽屉里拿出一种类似塑料章鱼的东西，上面还有彩色的光）

患者：什么是疼痛敏？

医生：一个根据每次设定的几个参数产生疼痛的机器。例如，我在这里写"灼烧，阵痛，剧烈"，机器就会产生一种疼痛。

患者：产生一种疼痛，这是什么意思。

医生：现在我给您演示。（把疼痛敏的一个部件连接在患者右手的手腕）准备好了吗？

患者（目光里有一些顾虑状）：嗯，当然，可是您不要告诉我……

医生（没等到回答，按下了按钮）：开启！

患者：哎呀！

医生：怎么样？

患者：哎呀，好疼！您为什么要这么做？

医生：我知道疼，这是机器的功能。您应该告诉我和您左手手腕感觉到的是不是同样的疼痛。

患者：总之，完全一样，不……左手的疼灼烧程度更强。

医生（重新拿起疼痛敏，写字状）：灼烧感：七级，不，还是八级。我们试试……开始！

患者：哎呀！哎呀！我明白了。好了，现在还是停下吧。

医生：我说停才能停。疼痛是一样的，还是不一样的？

患者：我同意，完全一样的疼痛。我可以把这个东西拿走吗？

好事者（没有打招呼就进来了）：完全一样，完全一样……我们怎么知道的？

医生：有疼痛敏帮助我们。慢慢地，经过一次一次的试验，我们就能知道疼痛是不是一样的。这是最好的诊断佐剂。

好事者：在一定程度上是的。患者——您也看到了——一会儿就会厌烦了，为了让您住手，就说是"完全一样"的疼痛。这下您该怎么办？

医生和患者（同时）：对啊，那该怎么办？

好事者：你们不应该用疼痛敏，而是用转移灵（Transfe rette），我刚刚为它申请了专利。可以让我试一试吗？（从兜里拿出来一个有触角的金属鸡蛋，连接在患者身上）这是原型。捏紧这里。

患者：别想了，不可能的。

好事者：那我们给医生。拿着，紧紧捏住。您身上哪里疼吗？

医生：是的，左边胯骨，到了我这个年龄，跑步太多的人都有这个毛病。

好事者：很好。把这个触角对着这位先生，然后按下红色的按钮。

医生：怎么做，这样吗？（按下按钮）

患者（把手放在身侧，弯腰）：哎呀！今天你们都对我有意见吗？

好事者：您自己说不想拿转移灵的，我才把它给了医生。也正是因为如此，您感受到了这个疼痛。这个产品正如其名，转移灵是一个转移疼痛的机器。

医生：这样一来就是患者做诊断了……

好事者：那我们把转移灵给患者，他就可以把疼痛转移给医生，这也是原本的用法。这样的话医生就可以准确理解是什么样的疼痛了。

患者：好期待。

医生：好的，不好意思……可是，打扰一下，我们怎么知道转移过来的就是正确的疼痛呢？

患者：对呀，我们怎么确定？

好事者：这是什么问题！很显然不管是疼痛敏还是转移灵都不能解决这个问题。

医生：它们至少省去了医生和患者需要不断校准的麻烦：你试试这个，我给你这个……

患者：我受够了！还无法确定一个人感受到的疼痛是不是和另外一个人感受到的完全相同。我不玩了。

好事者：这个问题不管是疼痛敏还是转移灵都永远无法解决。可是注意了，这不是同样的问题。

说话猫，新型号

她：快，装上说话猫，塔克西好像想和我们说什么。

他：这是新型号，可以让猫说话，也可以让它听懂我们说的话。

塔克西：我想说还挺好用的。比上一个型号舒服，重量减轻了一半。

她：听着，塔克西，七乘以十八等于多少？

塔克西：我听不懂你想说什么。谁是七？你问的是不是你需要给十八提供什么帮助？谁又是十八？

（他和她互相交换了一下眼神）

她：我同意，你确实不知道。

塔克西：不知道什么？给我讲讲吧，大伙儿。

她：我们想要测试一下你的数学能力。七不是一个人（也不是一只猫），而是一个数字，"等于多少"的意思也不是"在多大程度上为他人做了贡献"[①]，而是我们用来表示乘法的结果。

塔克西：你说的是意大利语吗？我一点儿也听不懂你的话。数字，乘法？但别着急。每个人都有自己的方言。除非你想谈论数量，这方面我特别在行：这个，那个，很多。

她：我们还是不要谈论猫的数学，拜托了。这是在测试的是科林·麦金（Colin McGinn）的一个哲学论文。

他：更好的说法是在类比。

她：科林·麦金认为动物，例如狗和猫，是"认知封闭性"（chiusura cognitiva）的受害者，也就是说它们没有理解某些事情的脑力功能，比如说数学运算。类似的，人类没有解决一些哲学问题的心智，比如绝对自由（libero arbitrio）的问题，再比如身体和意志之间的联系（rapporto mente-corpo）。

他：所以，你不理解数字，类似于我不理解绝对重要和大脑–意志关系，我们想了几千年都没有得到确切答案。

---

① Fare在意大利语有"做某事"的意思，也有算式中"等于"的意思。（编者注）

塔克西：我理解了，真替你们感到可惜：两个这么简单的问题！

他和她：这么简单？这是什么意思？

塔克西：当然啦，对于我们猫来说，这属于最简单的哲学问题。

他：那答案是什么，能告诉我们吗？

塔克西：那你那个奇怪的佩皮（Beppe）怎么帮助皮诺淘（Pinotto）①的问题，答案是什么？

他：它的意思是，七乘以八的结果是多少。结果是一百二十六。

塔克西：我的天！如果你这么说了，我就相信你。总之绝对自由这个问题的结果是沼泽和对流风区域衍生出来的画——千斤顶，而那个大脑和意志之间的关系就是柳树的咔奥佛节点。很简单对吧？（后面还有真正的哲学问题，比如形而上情感衍生角落。或者罗克斯射线反向的内部爆炸，不过我也不准备给你们解释。）

她：拜托你管管说话猫。

他（乱按了一通）：现在好了。我觉得我们应该承认，猫比我们多知道一件事情。

塔克西：一个、两个、很多个！

① 塔克西不记得数字的名字。（编者注）

从最长的词语，到简短的标语；从否定、双重否定和多重否定，到精巧的牛津逗号：只要你够厉害，一本书可以只由一个句子组成！这就是语言奥妙。

第五章

别挠我痒痒

我知道，我知道大家都有这样的疑惑：分不清到底是在做梦还是真的。或许那些你看见的，那些你感受到的情感，都不是真的。或许它们是梦里的巧夺天工，而且当你再次醒来，发现有一个完全不同的现实在等着你。你现在却没有办法确定。我知道，大家都这样，大家都这么和我说。所有人早晚都会怀疑我是否不存在，只需一挠就消失了。

可是等一下，不要太着急下结论。你确定自己不是真的在做梦？好好听我讲：谁告诉你如果不是现实，那就只能是简简单单的梦境？我知道，当你有怀疑的时候，怀疑的是：我不是真的存在，是不是这一切都不存在。

当然了，除了你自己。或许因为这点，这不是梦，而是噩梦，你希望它赶紧结束。或许你希望它就是一个噩梦，或许因为你不喜欢这个世界，想要再次醒来，回到现实，回到那些真实存在的事物中去，那才是你真实存在的时间和空间。是的，现实有可能更糟糕，比如你只是一个水缸里的大脑，可是你愿意去承担这样的风险。我知道，大家都这样，大家都这么说。

可你知道我想说什么吗？有时候我也怀疑这一切都是梦，怀疑我在做梦。你想过吗？或许对于我来说，你是一个可能很快就结束的梦的一部分。你想一想，这只抚摸你的手可能是你想象的成果，就像正在载我们的这辆车，那些低垂到水面的云朵。可是你想过吗？对于我来说，或许你才是我梦里意识的结果。这样一来有两种可能，现实和你的梦，以及现实和我的梦。

不，不要害怕，对我来说这不是噩梦。可你要坚强起来。你要试着理解。这很重要，于你于我都是。如果这是我的梦，你完全是不存在的，懂吗？我再次醒来的时候，你就不复存在了，就像这辆车和那些云，就像所有的这一切。所以我才叫你不要挠我痒痒。你试着挠自己痒痒，看你就是不是在做梦，这一点儿都不管用。我知道，大家都这样，大家都这么说。可是小心了，不要挠我的痒痒。这一挠，就会造成很大的影响。你也不想这样的，对吗？如果你唯一的现实是我的梦，你不会想放弃它的。你会完全消失不见，懂吗？不要挠我痒痒，永远不要。

隐藏信息

他：我有一个小发现。

她：洗耳恭听。

他：你知道，意大利语字典中最长的单词是超级无敌匆忙地（*precipitevolissimevolmente*），由26个字母组成。

她：当然了，这是佛朗切斯科·莫内蒂（Francesco Moneti）在作品《诡异的科尔托纳》（Corona Convertita）中发明的。然而1951年阿纳克列托·本达奇（Anacleto Bendazzi）发明了超级无敌详细地（*particolareggiatissimamente*）和超级无敌不容置疑地（*incontrovertibilissimamente*），都是27个字母，还有超级无敌违反宪法地（*anticostituzionalissimamente*），由28个字母组成。这是我在斯蒂凡诺·巴尔特扎奇（Stefano Bartezzaghi）的《回文书》（Accavallavacca）里读到的。只可惜这些词都不能有在

211

正式字典里出现的殊荣。

他：你说的有道理，确实很可惜。总之英国人比我们强很多。在英语里，出现在字典里最长的单词是：火山矽肺症（*pneumonoultramicroscopicsilicovolcanoconiosis*），45个字母，比《欢乐满人间》（Mary Poppins）里面的"人见人爱花见花开车见车爆胎"（*supercalifragilisticexpialidocious*）整整多出11个字母。

她：我的天！

他：这是记录在书上的，比如《牛津英语字典》（Oxford English Dictionary）第二版里面有。第一版里面最长的词是估计或评定一个东西为无价值（*floccinaucinihilipilification*），好像是沃尔特·司各特（Walter Scott）首次使用的。

她：只有29个字母……

他：是的。不过这激励起我在文献中翻箱倒柜得找到了很多此类的大词，尽管它们不被字典认可。比如说，在马克·麦克夏（Mark McShane）的小说《过早撕开》（Untimely Ripped）（1963年）中有超越圣餐变体论地（*praetertranssubstantionalistically*），共34个字母；托马斯·汤姆基斯（Thomas Tomkis）的喜剧《阿尔比玛扎》（Albumazar）（1615年）中的*necropurogeohydroche* *irocoscinomancy*①还要多一个字母。托马斯·洛夫·皮科克（Thomas Love Peacock）的《黑德朗大厅》（Headlong Hall）（1816年）中的osteoarch'matosplanchnochondroneuro muelous②一跃而上，有41个字母……

她：其实意大利人也不是吃素的。如果我们把小说中发明的词也算进去的话，在路易吉·钱波利尼（Luigi Ciampolini）的《三日之旅》（Viaggio di tre giorni）（1832年）中还有acromicrotelodiplodiforocaloidroisomatico③：它也有41个字母！

他：皮科克（Peacock）的小说有osseocarnisanguineo viscericartilagninonervomedullary④，多了11个字母。我们完全比不过：英国人还可以炫耀詹姆斯·乔伊斯（James Joyce）的作品《芬尼根的守灵夜》（Finnegans Wake）中100个字母的词：在第一页我们就遇到了bababadalgharagh takamminarronnkonnbronntonnerronntuonnthunntrovarrhounaw nskawntoohoohoordenenthurnuk（当然还有其他的词）。

她：无与伦比！更别说这里面包括德语和芬兰语等语言令人头晕的词……

---

① 无意义。（编者注）
② 无意义。（编者注）
③ 无意义。（编者注）
④ 无意义。（编者注）

他：你说得对。法国人也不甘示弱。在拉伯雷（Rabelais）的《巨人传》（Gargantua e Pantagruel）里有 antipericatametaanaparcircumvolutiorectumgustpoops[①]：50个字母。

她：而且这些还没有包含化学化合物的名字。

他：当然了。还没有包括数字的名字。不然的话我们当然可以随意找一个足够长的单词。

她：自然是这样。所以你的发现是什么？

他：啊，对了，我差点都忘了。是这样的，你知道，当大家想计算字母总数的时候，英国人总是去查阅莎士比亚（Shakespeare）的作品……

她：……就像意大利人总是翻找但丁（Dante）的作品一样。其实我们还忘了算他的十一音节诗句：比壮观还要更加壮观地（*sovramagnificentissimamente*），一共有27个字母。谁知道字典为什么要冷落这些词。

他：我也很疑惑。总之，由于莎士比亚喜剧中出现的最长的单词是能够获得荣誉的状态（honorificabilitudinitatibus），在《爱的徒劳》（Pene d'amor perdute）第五幕第二场中出现。

---

① 无意义。（编者注）

她：这也是27个字母！完全平局。不过如果我没有记错的话，巴尔特扎奇（Bartezzaghi）也确实提到了超级无敌可敬化的（honorificabilitudinitate）这个词（这是 honorificabilis的延伸形式），它通常被当做拉丁中世纪存在笔的证据①——辅音和元音完美地交替出现。连但丁也在长单词列表中提到了它。

他：是的，但莎士比亚用的是离格（ablativo）②！

她：所以呢？你知道我已经尽力找例子了。

他：这也正是精彩之处。谁都不理解为什么莎士比亚要创造出这样一个奇怪的词出来。也许答案在这：我发现这个字谜解开后得到的是"Hiludi，F. Baconis nati，tuiti orbi"。

她：这句话的意思是：这些游戏，多亏了弗兰西斯·培根，全世界人都在玩。

他：完全正确！"游戏"或者"喜剧"，在英语里面是一个词，"play"。

她：还有人说莎士比亚其实就是培根……

他：……他们俩的能力不相上下。

---

① 编者注：这个词在中世纪常被人们用来试写新笔，看笔好不好写，因为其辅音元音完美交替出现。（编者注）

② 编者注：在语法功能上为表示某些意义的状语。（编者注）

她：我的天，这确实是一个发现！

好事者（没有敲门就进来）：什么发现不发现的，这都是老生常谈了。

他：哎？

好事者：我真为你们感到遗憾，但是这个字谜已经在1910年埃德温·德宁-劳伦斯爵士（Edwin Durning-Lawrence）的一本老书里面出现过了，文章的名字就叫《培根是莎士比亚》（Bacon is Shakespeare）。

她：太遗憾了。

他：不管是新发现还是老发现，我觉得是一个很伟大的发现，一份莎士比亚真正身份毋庸置疑的证明。如果这是字谜……

好事者：这不是字谜。这是一个字谜。一个词可以有很多不同种猜字谜的方式。请允许我提醒你们，在另外一本1902年的老书（埃德温·德宁—劳伦斯爵士不知道的书）里面，美国人艾萨克·赫尔·普拉特（Isaac Hull Platt）已经写出了"Hi ludi，tuiti sibi，Fr. Bacono nati"。

他：……这些游戏，自证逻辑，是弗兰西斯·培根（Fr. Bacone）的成果。这些游戏，或者说这些喜剧。我同意，解字谜的方式变了，但是内容保持不变。或者说，我们不是有一个，而是有两个最好的理由相信这个假设的成立：莎士比亚就是培根！

好事者：拿着，读读这个。这是我关于这个主题的新书。从第100页开始您会找到所有可能字谜谜底的列表，有拉丁语的，英语的，还有世界语。应有尽有，您会看到这个神秘的拉丁词语隐藏的信息不计其数。您可以用它来表示全部，也可以用来表示全部的反面。就从我最喜欢的开始吧："Abiinvit，F. Bacon，histrio ludit"，意思是别挡路，弗兰西斯·培根，演员要表演呢！

请尊重其他用户

尊敬的交流部：

请允许我指出，我们公司厕所里挂的牌子上的文字说明有一个小问题。牌子写的是"请您保持这里使用之前的状态"。我知道这个请求只有当使用厕所之前是干净的情况下——这种情况不一定是最可能的——可以且应该是有用的。可是如果之前就脏的——这才是经常的情况——这个请求只能起到相反作用。

×××

敬上

尊敬的交流部：

　　您如此迅速地对我上周的信息做出了反应，更换了厕所的牌子，这让我印象深刻。更换牌子当然解决了我提出的问题。可是请允许我指出，新的信息和之前的一样能引发问题："请您保持这里您希望的状态"。这个请求只有对没有居心不良或者倾向自我毁灭的用户才有效。对于一个希望活在肮脏的环境里的用户（貌似这样的人并不少），这个牌子可能对其他用户来说有不好的影响。

×××

敬上

尊敬的交流部：

　　公司厕所的牌子经历了再次修改后，我谨在此向您写信。现在一切都很清楚了，谢谢，之前牌子的歧义也没有了："请保持这里的干净"。可是您不觉得，现在用户可能感到这种要求并不是仅仅不鼓励社会不文明现象？这不是只请求不要弄脏干净的地方，而是要求把脏的地方弄干净。

×××

敬上

尊敬的用户：

　　这里是公司的管理层。谢谢您一直不断的建议。我们已经关闭了交流部，原因之一是，如今它唯一的任务已经成了修改厕所的牌子。总之我们决定，在客户之间开展一场大型竞赛，寻找那个重要而敏感的环境里最完美的鼓励文明行为的信息。

×××

敬上

尊敬的管理层：

　　谢谢您的回复。如今我想说牌子的目的并不是改善那些不愿意接受教育的用户的行为，而是表达其他人的不满和重要性。如果您觉得留下一条信息对后者有好处的话，那么也许可以安装一个黑板，每个人都可以表达自己的想法。

×××

敬上

发信人：好事者

收信人：全体员工

亲爱的员工们：

我注意到公司厕所里安装新黑板已经有一段时间了。这个倡议很好，我和管理层一起表达祝贺。可是我注意到，线上拴着的记号笔已经不见了，还有几个搞笑的人用擦不掉的笔写了粗俗的文字和图画玷污了黑板。我希望所有的用户不要再开类似的玩笑，保持黑板使用之前的状态。谢谢。

迭代出版社

他：我决定建立一个新的出版社。

她：哦，真好。名字叫什么？

他：迭代。

她：名字不错，可内涵有点让人猜不透。为什么要选这个名字呢？

他：是因为我想要出版的书：迭代书籍。

她：或许你想说的是"互动"书籍，那你的出版社应该叫做"互动"！

他：不是的，迭代书籍，所以出版社要叫"迭代"。

她：那什么是迭代书？

他：就是一部可以和它的标题（或者讨论的内容）产生相似效果的书。

她：比如说？

他：比如说一部关于声誉的书。写书的人可以改变自己的声誉。

她：我理解了。你已经有这个系列里面其他的标题吗？

他（展开一个列表）：在这里。

1. 《辩论》（可以引发人们的辩论）。

2. 《读书》（可以让人们读书）。

3. 《消磨时间》（可是消磨读这本书的人的时间）。

4. 《错误的拼写》（在读这本书的人脑中灌输错字）。

5. 《财富》（可以让作者变富）。

6. ……

她：等一下。你这个列表中有一个错误。例如，我同意你说的《声誉》，但是我不理解《财富》。也许这本书卖不出去，作者无法变富。《声誉》这个例子就不一样了，就算评论都是负面的，作者的声誉还是改变了，不管是变好还是变坏。我觉得你要把自动迭代的题目和恰好迭代的题目区分开来。（一本关于战争的书可以引发战争，但也可能不引发战争。）

他：啊，好吧，那我到时候出两个不同的系列。

她：你还有其他的选择。

他：例如说？

她：例如说，自我迭代的题目：《声誉的声誉》或者《辩论的辩论》

他：它们是自我迭代的，因为……

她：……这么说吧，因为它们讲的是嵌入本身的主题。《辩论的辩论》讲的不仅仅是辩论，而是希望引起关于辩论的辩论，不管是不是自动的。

他：我喜欢这个想法。我这就准备发行第三个系列。

她：我看你忧心忡忡的。你在想什么呢？

他：我正在想一个是外加迭代的自我迭代的题目，同时还是自动迭代的，或许还是自指的。想象《小说》，是一本小说。还有《小说》，是一片对小说的评论，自己却不是小说。谁知道呢，或许我还可以出版《小说》，一个关于小说的小说题材的评论。这样一来说不定之后我的人生就会变成一部小说。

她（有些被冒犯状）：啊，也就是说……

他：不，你说得对，我的人生已经是小说了！

过分了就是过分了

他：如果没有你，我们的假期会是不同的。

她：当然不同了。没有我就是一个人的假期。可是我知道你想说什么。你想说我把普通假期变成特别假期：这是称赞，我谢谢你。可是你只说真话的打算有点过头了。现在你开始只讲重言式了。

他：重言式肯定是真话。

她：正因如此——所以它们的内容含有极少的信息。和你讲话的人要费很大劲儿才能理解你真正想说的。

他：我说的就是我想说的。

她：我理解你想要让我理解的。可是之前不是更好吗？我们住在皮亚琴察（Piacenza）的时候，我们之间的谈话很正常啊。自从我们搬到了米兰，你总有一点与世隔绝。

他：皮亚琴察是皮亚琴察。米兰是米兰！

她：这句话我已经听你说过了。你不觉得你的品味已经有一点变了吗（更倾向于使用委婉语）？

他：我喜欢的总是那些我喜欢的事情。

她：我更希望听到另外一种回答。或许你的品味并没有变，我是觉得你变了。

他：你说得对——当你没有说错的时候。

她：你用重言式总是有道理！

他：总说真话的人从来不犯错。

她：听着，我来预见一下你的想法：规则就是规则，战争就是战争，生意就是生意。拜托，我们能不能谈一些更有实际内容的事情。

他：当然了，正确的就是正确的。

她：拜托，别这样了。

他：我停的时候就停下了。

她：我懂了，你已经疯了。之前你仅仅说一些傻话，或者犯一些逻辑错误。可是现在，你开始说废话了。

他：之前是之前，现在是现在。

她：那之后呢？那明天呢？

他：该来的总会来的。

她：可是你自己不是说过，证实主义（verificazionismo）是唯一可以区分有意义的和无意义的主张的健全标志？你自己还提醒过我，对于维特根斯坦来说，这才是属于第二种类别的重言式的界限？"重言式没有意义，就像两个箭头由之指向相反方向的点。它们不是现实的表象，它们不代表任何可能的情况。在重言式里，符合世界规律的条件互相抵消……"①这是不是你之前告诉我的吗？

他：维特根斯坦错的时候不会是对的，否则你会是一棵石榴树。

她：听着，我也知道一个矛盾可以意味任何事情。我不理解的是，你为什么如此支持维特科根斯坦，却开始说重言式了。

他：因为要么你不是一棵石榴树，要么如果我不讲重言式，你就是一棵石榴树！

她：你想要把话讲开？好的。你说了一句逻辑析取（disgiunzione）。第二个析取的结果是第一个析取否定的条件……可是接下来……你还是用重言式回答了我！听着，如果你不停下，我真的要生气了。

他：二者取其一：要么如果你不生气的话，我停下来，要么我不停下来你也不生气。

她：别这样了！

他：我不能停下并且不会停下。我要么停下，要么不停下。可是如果我停下，那么如果我不停下来的话你就会生气。

---

① 本句出自维特根斯坦《逻辑哲学论》，作者于此只是一个简单的陈述。（编者注）

她：你再这样，我发誓去和我姐姐住。她尽管喜怒无常，可是她至少听我说话，更重要的是她说有意义的话。这样一来你就会知道，没有我的话，你下一个周末会真的不一样。

他：好吧，姐姐总是姐姐……

她：过分了就是过分了！

请留言

留言机周四14:25收到的信息："你好路易莎（Luisa），我是玛齐亚（Marzia）。我找遍了所有地方，可是你放在我这里的手套真的不见了，不好意思。我还想告诉你，镜子到了，完整无缺，非常感谢。多亏了桑德罗（Sandro）。我想说，你们留言机的信息真的太奇怪了。谁是弗兰卡（Franca）和朱利奥（Giulio）？留言机说他们一有机会就会打给我？请给我回电。再见！"

留言机周四14:35收到的信息："什么？弗兰卡和朱利奥？桑德罗，你别开玩笑了。喂？喂，桑德罗？我是阿尔贝托（Alberto）。回复我呀……桑德罗！……桑德罗？……"

留言机周四16:09收到的信息："是的，早上好。我是皮耶尔乔治（Piergiorgio）。我想给桑德罗留言。我之前不知道他和弗兰卡和朱利奥住在一起。希望我们有一天可以见面。其实我打电话就是为了要请桑德罗和路易莎明晚来我家吃晚饭。你们也来吧！很期待认识你们。明天见！"

留言机周四16:09收到的信息："你好，是我。你在吗？你在这里和弗兰卡和朱利奥一起住多久了？是那个之前和达米亚诺（Damiano）在一起的弗兰卡吗？哦，不好意思，或许我搞错了。请回我电话，我知道你在呢。是你让我回来就给你打电话的。我现在回来了。喂？……说话呀！……我再给你十秒钟。我知道你在家。如果你再不拿起话筒我们就结束了。一切都有一个限度。一、二、三……我可没有开玩笑！五、六、七……拿起该死的话筒！九……时间快到了。好吧，十。如你所愿。别想给我打回来。也别想着让弗兰卡和朱利奥打！"

留言机周四16:31收到的信息："哦，美人儿。现在你们的名字叫弗兰卡和朱利奥了？你们这是想了一个假名字想要藏起来？你们一点儿也不像弗兰卡（也不像朱利奥，哈哈哈）！至少我不这么觉得。这是我最后一次给你们打电话了。你们可以来我这里把你们留在走廊的东西一次性带走吗，不然我只能给安塞玛（Anselma）打电话把一起都告诉她！我说让你们来这里的意思是现在就来。马上。或者你们刚到家的时候也行。"

留言机周四17:39收到的信息："晚上好，我找路易莎。我这边是科尔索（Corso）的水龙头店。您能告诉她，她找的水龙头已经没货了吗，但如果她比较着急的话，我们阿夏戈路（Asiago）的店还有两个单头型号？谢谢。"

留言机周四17:58收到的信息："又是这个！去死吧！"

留言机周四18:19收到的信息："嗯，喂？不好意思，我想找路易莎和桑德罗。（暂停）喂？喂？我的天，我猜他们已经换号码了而我打的还是旧号码？喂？……"

我等不及了

第一个人（在一辆慢车里，晚上。灯光昏暗。有人在读书，其他人在睡觉）：还有多久到？我等不及回家了。

第二个人：我也不能（Nenmeno io）。①

---

① 中文我们一般说"我也是"，但意大利语原文中存在一个否定词。"我也不能"表达的是也不能（等了），这句话也引发了第三个人的疑问，作者在此故意造成读者困扰。（编者注）

第三个人：我也是。

第四个人：我不能。

第一个人：不好意思，我没懂。所以你们到底想很快回家，还是不想很快回家？

第二个人：就是我刚才说的啊，我当然想回家。我累死了。

第三个人：你刚才说的是"我也不能"。好像你不想很快回家一样。

第二个人：第一个人说他等不及。我也等不及。我觉得我和第一个人说得是一件事啊。鉴于他等不及要回家，我也等不及，以此推出我们两个人都想很快回家。

第五个人：我觉得第三个人反对你把"我等不及"这个否定和"我等不到狗"这个普通陈述混为一谈。在第二种情况下，否定实际上是句法的一部分，一个表述"我等到狗"的反义的算子（operatore enunciativo）。在第一种情况下，俗语"等不及"是不可分割的，意思大概是"没有耐心"。再说了，时间也不是真的能用来等的。

第三个人：其实"我等不及回家"的反义词也不是"我等得及回家"。（这是什么意思？是说你变得有耐心了？）

第四个人：唔，所以你的意思是有的表述不能被否定？我觉得自己刚刚表达了自己的想法，说了"我不能"。

第三个人：你可以否定任何一个表述，就连"我等不及……"这样的表述都可以。例如，你可以说："我不是真的等不及……"重点是"我等得及"不是有自主意义的表述。

第一个人：所以，你们到底有没有耐心？

第五个人：你自己要开始有一点耐心。有很多表达方式本身无法根据语法改变形式；它们就像不可分割的原子。例如，你不能对着一个喝太多的人说"别干杯"。

第三个人：这是什么意思。

第二个人：你少喝一点。可是，正因为俗语是"干杯"，它的反义词不是"别干杯"。（然而"举手"和"别举手"互为反义词，并且都是正确的说法。）你懂了吗，第一个人？

第一个人：别把我牵涉进去！

第三个人：他想说的是："别烦我。"还有，因为他的麻烦事，财政状况总是血液颜色的字。

第二个人：你想说赤字？

第三个人：我想说不是绿色，也不是黄色或者蓝色，而且因为如此，他没有足够的钱。

第五个人：别这样，为什么不能怎么学的就怎么说？

使用不当

他：有的句子我真的看不懂。"这个后视镜里面的物体其实比看起来更近。"

她：这句话应该是想说，也应该说："这个后视镜里面的物体看起来很远，其实不是的。"

他：是的。这句话写得一点儿也不清楚。我们正想弄懂这句话，就观察到在镜子里的卡车越变越大，危险极了。突如其来的鸣笛吓得我们失去了对车的控制。你觉得为什么美系车要写这句话？

她：为了提醒车（或者镜子）的生产厂家。有人可能遇到事故后状告他们没有解释如何理解镜子里面的图像。这种文字很普遍（想想烟盒上面写的："吸烟有害健康"）。就算这当然无法把需要提醒的情况都写完。

他：完全正确。我的吸尘器上写着："使用后请关闭"。为什么不写在电视机上？炉子上？电钻上？为什么锤子上不写"不要打头"？仔细想想，如果目的是告知人们可能遇到的危险，为什么人们不在路灯上安装标志牌，告知我们它们令人痛苦的坚固性[1]？为什么不在垃圾桶上写装满的时候需要清空？为什么不告诉我们四十度的时候不要穿冬天的衣服？我从来没有见过这种文字。为什么？

她：因为我们周围出现的这些标志可不是公众健康部门给大家的建议。它们起源于法庭宣判的事故。如果吸尘器的生产厂家决定告知他们的客户机器使用后可以关掉，肯定会出现有的公司因为使用手册上没有考虑到这点而丢掉官司：客户完全有理由因为不关掉吸尘器而收到天价账单或者制造出好几个星期无法忍受的噪声而提起诉讼。

他：后视镜也会是这样吗？

她：完全正确。我们可以把使用说明当做近期同样数量令人困扰的事故。这些信息其实是寄给死去的人小小的祈祷，内容关于那些我们通过某种方式可以避免的情况。"请在关掉煤气灶台之前关掉炉子。"（这让我们想象到下班回来的一家人发现房子烧成了灰烬。）"不

---

[1] 指有人没有看到路灯撞了上去。（编者注）

要把塑料袋放在婴儿头上。"（你为什么要这样坐，杰基·康纳斯（Jackie Connors）？）"不要在洗衣机里面洗猫。"（几个咪咪、喵喵和花花可以从地狱般的涡流中存活下来？）诸如此类。

他：可是你要承认，有的时候这些字真的无法解读。这个安眠药的包装上写着"注意：可能引起睡意"。我们正是这样希望的！这里问题就出现了：谁会因为吃了安眠药就睡着了而状告公司？

她：什么样的法官会觉得顾客有道理？

他：在很多情况下，这些文字仅仅是一部分员工沉思的结果，并且通过了公司更高层人员的签字，剩下的人只有举手赞成了。我见过一种冷冻食品的包装上写着"建议食用方法：将产品解冻。"谢谢这个建议。这个肥皂的包装盒上写着"使用方法：如正常肥皂一般使用"。真是多谢了。

她：如果是因为这个，这袋土豆上写着"你可能就是赢家！无需购买也可以。详情请看内部"。这可真是唆使盗窃。

他：最绝的是这个提拉米苏的包装。你看看它底部写的什么。

她："请勿倒置"。哎呀，太晚了……

很难轻视语用论

医生：现在爆发了新的流行病，我们一定要提高警惕，多加注意，尤其是现在在医院里。

主任医师：肯定的。我们可以发起一场针对传染危害的宣传活动。我们应该传递一个强有力的信息，让大家明白一定要注意，就算非常稀松平常的情况也要多加注意。

医生：我们在明显的地方都摆放警示牌。我们应该，正如您所说，让大家不要忽略最小的症状。

主任医师：我有一个好主意。（写字状）"对于忽略来说，没有一个症状是过小的"。好了，怎么样？

医生：棒极了。正是我们之前……

主任医师：……"我们之前"？

医生：不好意思，正如您之前想的。这个信息非常好，有力而清楚。我们需要对一切都不要掉以轻心。

主任医师：你能把它挂在门口吗？拜托挂得好看一些，让大家都可以看到。

医生：没问题。（把它挂了起来）

好事者（穿着护士的衣服迅速路过，在抛光大理石地板上滑行停住，默念着牌子）："对于忽略来说，没有

一个症状是过小的"。这个的意思是……这样更好！这是说我今天就可以提前回家了！（脱下衬衫）

主任医师：哎！您这……我说，您不是五点才换班？

好事者：一般情况下是这样的。

医生：那您到底为什么脱掉衬衫？正当今天我们有紧急情况，流行病刚刚爆发的时候……

好事者：我本来加班都可以，可是读了你们的牌子，我觉得自己可以提前走。

主任医师：怎么会？这个牌子希望引起大家最高级别的注意和警惕。或许您没有好好读？

好事者（又读了一遍）：我觉得非常清楚。它说对于忽略来说，没有一个症状是过小的。所以也就是说我们可以忽略所有的症状，那我还留在这里干什么？

医生：您是怎么推断出来的？如果对于忽略来说，没有一个症状是过小的，意思就是人们要注意所有的症状，就算很小的也要注意，所以我们都应提高警惕性。您也是！

好事者：不好意思，您是怎么推断出来的？如果对于忽略来说，没有一个症状是过小的，也就是说没有症状因为太小了就可以被忽略，那么所有的症状都大到可以被安心忽略。所以我觉得我们显然可以安心了。不好意思，可现在我真的想要抓住这个机会在关门之前去趟超市买东西。

医生：您怎么可以这样！请好好学学意大利语。如果没有一个症状……

主任医师：等等……我觉得这位护士说得有道理。是我们错了。这句话看起来说的是一个意思，可是我们却躲不掉它给人的第一印象。仔细看看，通知读出来和我们想说的意思确实相反。我们被"忽略"、"小"、"症状"等词语牵绊住了，表达出没有一个症状——最小的也不行——可以从我们的眼皮底下溜走。可是这句话逐字读起来的意思正好是相反的。我们只是不能"看到"字面意思。

好事者（对着被反驳的医生）：完全正确。这位女医生已经解释得非常清楚了。请想象一下，如果今天我来到这里想要忽略所有可以忽略的症状。看到你们的牌子后，我会开始自我审视。这是一个随便什么症状：我可以忽略它吗？我当然可以：其实它不可能因为是过小的（正如牌子说的），所以我忽略了它。然后我按照这个步骤忽略了所有的症状。

主任医师：说得好。我在一本哲学书上读到过，有的语言受到了一些"语用论"的影响，它和大脑试图利用已有的词汇并分散我们的注意力，阻止我们用正确的方式解读某些句子有关。这就是一个例子，我们将来应该加以注意。我们不能轻视这个影响。

医生：您说得对，医生。轻视"语用论"影响的重要性简直太难了。

主任医师：非常正确。我提议您写一个新的牌子，白纸黑字地把这个原则表达出来。给打印部发一份，我们给每一个员工都发一份。

医生（写字状）："很难轻视语用论影响的重要性"。

好事者（默念状）：又是这个情况。

医生和主任医师：什么？

好事者：不是我想当书呆子，但请让我向你们指出，这种情况下句子的字面意思和你们想表达的意思相反。如果很难轻视"语用论"的重要性，那么就很容易过高估计。所以，你们自己也没有意识到正在要求我们不要在意这个该死的"语用论"的影响。

主任医师：我之前和你说什么来着？根本就不要写那个牌子。

医生：可是其实……

好事者（低声，重新穿上了衬衫）：别难过。主任医师就是这样的人，她最无法忍受不成功。

一个必要的失败者

他：世界上有两种人：诚实的人，和那些自称诚实的人。我是一个诚实的人。

她：厉害了！你刚刚就是一个"输家"（perdente）的例子。

他：一个"输家"？那是什么？

她：语言表述无法避免地只能被理解为不想表达的意思。在考察理解能力的游戏里，你总输。

他：我总输，这是什么意思？

她：就是说，你因为表述方式成了不诚实的人。你说自己是诚实的，可是你说这句话的背景是：说出来和本身就是相互对立。所以你输了：你只说了自己是诚实的人，那你就不是。

他：你就是想激怒我。

她：我做梦都不会这么想。我只是在顺着你声明的逻辑和"语用论"事实。我完全知道你是一个诚实的人，你在任何情况下的行为都可以证实这一点。

他：那我还有什么方法可以说我是诚实的人——我

不仅想做一个诚实的人，还想把这句话说出来——同时又不说出来？[①]

她：你只需要在说这句话的时候，不要提及开头的声明，不然的话你总会创造一个"输家"。

他：可是我也想说，有两种人，有人总喜欢满嘴高谈阔论，有人从来不浪费时间在词藻上，只想脚踏实地地做事情。

她：你完全可以自由地说出来，而且大家都能明白你的本意。

他：我也想把自己归到第二类人里面。

她：你正是这样做的，但你还是不可避免地创造了"输家"。你输掉了，因为这和我们理解的意思不一样！

他：所以我不可以同时表达我的这两个想法。你想说，有些事情不能说出来，或者没有意义说？

她：不是的。你能说，说出来是有意义的。但是你要帮助你的听众做出正确的推断。你不能把自己关在一个逻辑的死胡同，之后再费很大劲儿走出来（如果能走出来的话）。

他：逻辑真的是一个死胡同。

---

① 因为说出来就成为了第二类人。（编者注）

好事者（像往常一样，从这里路过）：才不是这样！逻辑可以避免人走错路，至少没有用错的人可以。但这不仅仅是限制。如果一个人知道如何才能把它用好，逻辑还可以指导人们采取适当的步骤。

他：请您给我举个例子。

好事者：你仔细考虑这个句子："世界上有两种人，一种可以理解不完整的信息。"

网络言语行为

她：啊，在这里。我昨天给你发了一封信。

他：我看到了。

她：啊？你看到了？那你为什么……

他：等等，信里写了什么？

她：我让你给安娜（Anna）一本菜谱，然后她带给我。

他：啊，对，是这样的！

她：所以你记起来了。

他：是的，记得很清楚。我可以背下来。

她：你背下来了？你理解了里面的内容吗？

他：我觉得是。很简单："你能给安娜那本菜谱吗？你这会帮我一个大忙。"

她：然后你就忘记了？

他：忘记了？一点儿也没有。我下午还想起来好几次。你愿意和我分享这个想法我觉得很高兴。

她：我能和你分享你觉得很高兴……

他：当然了！就像你在你网站上传猫咪的照片，或者你写信说你很喜欢在威尼斯玩，或者你告诉大家棒球比赛的结果……

她：所以你觉得，我只是在分享我的心情。

他：你在和我分享，如果我给安娜菜谱的话你会觉得很高兴。你能想到我真是太好了！

她：不好意思，那可不是社交网络上发表的帖子！那是一封有明确要求的信！

他：有什么区别吗？你向我表述了你那个时刻的心情和思想。要求、感叹、照片、心情——这都是在传达你主观的状态，你那个时候脑海中想的事情。我因此很感激你！社交网络太有用了，可以告诉所有人我们怎么样，在想什么，在想谁。

她：可是我需要那本菜谱！

他：我理解到这点了。

她：我什么都不想分享。我需要你把书给安娜，她就可以带给我了。

他：当然了，特别好的想法。

她：我需要这本书！你没有给她。我没能做调味酱。我很不开心，我本来想在朋友面前表现一番的。

他：啊，不好意思。等等，我马上写一个帖子："我很伤心因为调味酱没有……"

她：别这样了，你真的不懂我说的吗？你完全可以分享，可是有些事情并不是关于简单的、主观状态信息的传递，而是有特定目标的言语行为。如果你把一个要求当做是心情状态的展示，那你真的不懂自己说出口的语言表达。

他：等等，慢一点。我想把这些美美地写出来，但是我没有那么快的笔速。你刚才说，这些是有什么的言语行为？

那个牛津逗号

她：你听这个报纸写的："参与者有他的两任前妻，电影的女主角和导演①。"我可不是想方设法要当女

---

① 原文中"导演"前面是阳性定冠词。（编者注）

权主义者，但你不觉得这个记者太夸张了吗？如果是一个女性的话，写一个"女导演"会怎么样？

他：文章可没说是女性。

她：呃，说的是一个前妻……

他：也许离婚后变性了，现在真的成了一个男导演。谁知道呢？

她：如果真的像你说的那样，记者写得应该更直白一些。为什么要读者猜故事，不，为什么要把"导演"前面的定冠词写成阳性，令读者失望呢？

他：可能很简单，就是疏忽了。

她：对了，你们男人典型的疏忽，因为你们属于定势思维中有阳性定冠词的医生，有阳性定冠词的商人，有阳性定冠词的导演……不用奋斗就可以被平等对待。

他：如果是为了这个，你也默认这个记者是男的。你查看名字了吗？

她：不用查。

他：总之，有另外一种可能性。谁能保证记者（我们暂且认为是一个男性）想说的是，导演是我们讨论的那个人的前妻？拜托给我重新读一下这个句子。

她："参与者有他的两任前妻，电影女主角和导演。"

他："电影女主角"后面有没有逗号？

她：没有。

他：你看到了吗？这是一句有歧义的句子。我们读起来好像还在"他的两任前妻"后面加了一个"也就是"。但这个句子还有另外一种理解方法，正如一个列举："参与者有他的两任前妻，另外还有电影女主角和导演。"这是牛津逗号起作用的经典案例。

她：可以给我讲讲这个逗号的内涵吗？

他：我记得是这个叫法，因为它要追溯到牛津大学出版社（Oxford University Press）的稿件校对规范，至今很多编辑都还推荐使用。它可以帮助阐释包含一系列项目的语句的含义，这个系列中最后一项前加了一个连词"和"。传统语言学家说有了"和"就不用同时加逗号；牛津的编辑指出，如果列举的项目超过两个，加不加逗号有很大的区别。举个例子，如果这篇报道写的是"参与者有他的两任前妻，电影的女主角，和导演"，你就不会理解女主角和导演是两个前妻了，对吧？

她：是，我会觉得讲的是四个不同的人。

他：而如果没有逗号的话，这个语句是有歧义的，我个人觉得第二种解读比那个引起你很大反应的解读更说得通。可惜在意大利语中几乎没有人使用牛津逗号。

她：给我举几个别的例子。

他："获奖的作者，马里奥·罗西（Mario Rossi），安娜·比安基（Anna Bianchi）。"几个人获奖了？两个（作者，也就是罗西和比安基）或者四个（除了作者外还有罗西和比安基）？

她：我在这里读到："政府犯了很多错误，削减太多预算和赋税太高。"这是想说错误就是财政削减和赋税，或者说财政削减和赋税要和很多错误算在一起？

他：看到了吧？如果要想表达第二种情况，一定要用牛津逗号，不会产生歧义。

她：可是……

他：可是什么？你还不相信吗？

她：你听这个："他们和皮波（Pippo），狗，和猫一起度假了。"如果按照你说的，第二个逗号是牛津逗号，用来分割列举项目中的第二个和第三个，可是这里的逗号并不能消除歧义，反而产生了歧义。

他：一个逗号不会产生歧义的！

她：会的。我刚刚给你念的句子是有歧义的。它可以表示他们和皮波（不管到底是谁）一起度假了，还带了狗和猫，或者表示他们和皮波——插入语，狗的名字叫这个——还有猫一起度假了。我们该怎么理解？

翻译问题

他：看这个！"苏格拉底（Socrate）是一位哲学家，但是'苏格拉底'（带引号的）包含八个字。"①怎样会有人写出这种蠢话。

她：我不觉得是蠢话。这是一种解释"使用"和"提及"之间区别的简单、普遍方式。第一种情况下，"苏格拉底"这个词用来描述雅典（Atene）的那位哲学家；第二种情况仅仅是提及：指的不是哲学家而是这个词本身。它放在双引号里面也不奇怪了。

他：这个我也知道。我说它是蠢话因为"苏格拉底"这个词没有八个字母，而是四个。

她：哎呀，我没注意呢。应该是写错了。

他：不是错误，你看这个。（把书拿给她，做鬼脸状）最让人不爽的是这段文字还是语言哲学书里面的！

她：也没人说过语言哲学家数学好啊。总之确实很奇怪。让我看看（看了看封面，翻了几页）。

正如我所想。这是一本从英文翻译成意大利文的书。

他：然后呢？

---

① 苏格拉底，中文，四个字；Socrate，意大利文，七个字；Socrates 英文，八个字。（编者注）

她：然后问题不在作者，而在译者。在英文原文里面肯定是"Socrates"这个名字。这个名字有八个字。译者没有注意到这个，结果就有了你刚才给我读的那句话。

他：可是……可是译者完全按照所写的翻译了。在某种意义上他们没有犯错。

她：我觉得是犯错了。他们没有理解需要翻译的语句的意思。

他：他们的任务仅仅是翻译。如果一篇文章包含错误的句子，比如说，"雪是红色的"，不是说译者应该负责改正过来。你能想象托勒密（Tolomeo）的《天文学大成》（Almagest）的一版中声称地球绕着太阳转？

她：我同意你说的。不过我还是觉得一个好翻译应该至少保证留住要翻译语句的真正价值。这个句子本来是对的，被翻错了。他们本应该写"'苏格拉底'包含四个字"。

他：可是这样一来他们不是在翻译书。

她：你说得对。我修改一下，他们本应该写"'Socrates'包含八个字"。正是因为引号里面的字不是被使用而是被提到了，译文里面应该保持原样。否则的话就很容易犯错。"'Ciclamino'（仙客来）是一个意大利语词"怎么翻译成英语？

好事者（在附近转悠，面向客厅的窗户）：还有
"'Ottetto'（八重奏）是一个回文词"，或者"没有
一个词可以和'fegato'（肝）押韵"，或者"英语里
'狗'叫'dog'"，还有'Sgzmnupkf'是一个没有意义
的词"！

她：早上好。我最近都没在附近看到您……总之我
们达成了一致。

好事者：一致得不得了（尽管我不知道这英语怎
么说）。

他：那如何处理讨论的这个句子的前半部分呢？它
说的真的是苏格拉底，那个哲学家。这个名字是被使用
的，而不是被提到的。

她：其实这个翻译是正确的："苏格拉底（Socrate）
是一位哲学家"

好事者：所以，总结一下，您觉得译者本应该这
样翻译："苏格拉底（Socrate）是一位哲学家，但是
'Socrates'包含八个字母"？

她：完全正确。

他：多么大的错误！

她：句子不优美，但至少是一句正确的翻译。

好事者：很好。现在请帮把这个句子翻译成英语："苏格拉底是一位哲学家，但是他的名字包含四个字。"

按照喜好增长的线团

发信人：好事者

收信人：编辑社

尊敬的编辑社工作人员，请允许我向编辑们指出，我们的语言——这个言论适用于所有语言，不仅仅是意大利语——比人们想象的要更丰富，就从句子给予了我们表达自己的最大自由开始说吧，这种自由的实现通过我们可以使用随意长度的，也就是没有任何最长限制的，由一系列语段组成的句子，这些语段，比如这个语段本身，不管看起来有多么错，最后完全是可读懂的，是仅仅由属于我们词库的名词和字组成的，其中每个字都有独立意义，互相之间根据语法规则连接起来，而整个句子的意思借由所谓的"复合性原理"（principio di composizionalità）体现，一般说来这归功于德国哲学家戈特洛布·弗雷格（Gottlob Frege），但之前就已经被柏拉图（Platone）在《泰阿泰德篇》（Teeteto）等作品中提及，基于我们的语法是可以被递归式应用且不排除重复等规则，还考虑到同一个句子中可以出现不受限制的关系从句，你可以只有一层修饰，比如当说"那个周三被人看到的元首（maresciallo）……"，你可以说两层修饰"那个周三，也就是一周后的第三天被人看到的元首……"以此类推，并且可以看出，我的例子并没有滥用这种技巧，而是进一步将句子细化，我在这里只重复了一次，并且极大程度减少了修饰从句的数量（但是我不认可连词的数量，更不认可插入语的数量，这些插入语——我插入一句——本身可以有不同的层级，也就是环环相套，正如这个插入语中的插入语所示），同时我在努力——至少到现在为止——避免简单的解决方案，正如一个国王坐在沙发上让自己的仆人讲一个故事，或者故意营造出来的巴洛克-拜占庭（barocco-bizantini）文风，这都完美体现在卡尔洛·埃米利奥·加达（Carlo Emilio Gadda）的文字里，如《痛苦的认识》（La cognizione del dolore）大师般的写作手法，正是利用言语的繁琐试图表达那种无法解决的纠结，这是它正在讲述的世界——"线团"，就像伊塔洛·卡尔维诺（Italo Calvino）在《美国讲稿》（Lezioni Americane）第五章中写的（对于这一点加达自己还想要补充，说可以称之为"结""缠结""捆"，或者，按照罗马人的说法，"线团"，甚至还有"烂摊子"）其特征是互相异质并和粗糙的元素一同构成，而正是这些元素终究一起决定了我们的世界是那个，总的来说，证明了帕斯卡（Pascal）著名格言的正确性的世界，格言说，如果克利奥帕特拉（Cleopatra）的鼻子再短一些，整个地表的形态都会改变（《思想录》，意思是那位知识渊博和无所畏惧的埃及艳后如果没有那个特殊的鹰钩鼻——我们可以在当年的货币上看到她的轮廓，比如纽卡斯尔大学（Università di Newcastle）考古博物馆曾保存的那枚埃及艳后头像的第纳尔银币（dinaro d'argento）——那么恺撒可能就不会被诱惑，丢了理智，或许马克·安东尼奥（Marco Antonio）也不会如此，那么事情的发展方向会完全不一样，这个概念不受那些坚持认为历史不是由"要是"组成的人的欢迎，但是已经被广泛接受，不仅在后续的文学中，还有电影里，想想雷·布莱伯利（Ray Bradbury）如今已经成为经典的《雷声》（Rumore di tuono），又名《雷霆万钧》，同名电影由彼得·海姆斯（Peter Hyams）导演，又被翻译成《一声惊雷》（Il risveglio del tuono），电影中未来的一位旅客坐上了时间机器，狩猎已经灭绝的动物，比如恐龙，却一不小心踩到并杀死了一只普通的蝴蝶，这可明确违反了组织这个旅行的时空旅行有限公司（Time Safari Inc.）提出的建议，引起一系列影响的叠加，越来越宏观，最终危及了整个人类的生存，也在一些科学理论中：只需要想想1972年"蝴蝶效应"（effetto farfalla），这个比喻被美国物理学家和天文学家爱德华·洛伦兹（Edward Lorenz）在美国科学促进会（American Association for the Advancement of Science-AAAS）举办的第139届年会上为了解释混沌理论从而进行了清楚阐释，混沌这个概念，如果不是从字面意思而是从内涵上来说，也就是艾伦·图灵（Alan Turing）已经讲过的概念，他是信息科学和人工智能之父，仅仅在四十一岁就在遭受英国当局因为他的同性恋的身份迫害后自杀身亡，他那一步证实了一个电子在某特定时刻十亿分之一厘米的位移，"可能意味着两个完全不同事件的差异，正如由于一次雪崩造成一年之后一个人的死亡，或者他的救赎"。

应该的密码

她：还在那里试密码呢？你怎么可能每次都不记得密码？

他：不是我不记得。所有的密码我都记得很清楚。

只是它们太多了，我从来不知道用哪一个。

她：你为什么不选一个，只用那个呢？

他：我选了一个，还是非常好的一个："拉索里欧酒（rosolio）"。

她：还真没想到这个。我以为你讨厌拉索里欧酒。

他：正因为如此！如果我选了"枇杷酒（nespola）"，或者"蓝带啤酒（azzurro）"，所有认识我的人很快就能猜到了。这个年头很难相信别人。可惜，我开始需要按照我注册网站的不同要求修改这个好密码。

她：确实。有的网站要求密码要有八个字母，而你的密码只有七个。

他：是的，我只好创造了"小拉索里欧酒（rosolino）"这个词。

她：有的网站还要求至少有一个大写字母。

他：我还创造了"rosoliNo"。后来我还遇到要求密码至少包含一个数字的网站，就创造了"rosol1No"。

她：有的网站还要求使用一个特殊符号，非数字字母。

他：在这种网站上我用"ro$oliNo"。有的网站还需要一个外来字母，我只能创造了"ro$ol1Nx"①。

她："拉索里欧酒（rosolio）"当然是一个很好的密码，然和"ro$ol1Nx"几乎让人觉得恶心……

他：别和我开玩笑，我自己已经够烦躁的了。总之，这一切都是为了安全。（在键盘上不断尝试）要是我记得这个网站用的密码就好了……

她：不过有一件事情说不通，你不觉得吗？我可以理解要求一个比较长的秘密，因为可能组合的数量呈指数增长，只增加一个字母就极大地增加了一个人猜到的难度，这个人也许用的是自动生成算法。可是为什么还要有别的限制？

他：也是这相同的原因让猜出密码变得更难了。你要承认，想猜到"ro$ol1Nx"非常难！

她：我觉得"ro$ol1Nx"和"小拉索里欧酒（rosolino）"的区别不是很大。仔细想想，这两个都是由八个项目组成的序列。再说了，他们没有这样要求之前，你又不是不能自由地使用由非字母数字组成的符号。比如说我，一直都用一个密码，"abc123OK！"

他：多么丑的密码！太简单了。

---

① x是意大利字母表的外来字母之一。（编者注）

她：只有你这么觉得。重点不是这个。你好好想想：这些要求限制了可能性的数量。如果起初那些像我的密码一样简单的密码完全可以使用，那么把这些限制变成要求，意味着所有那些不符合要求的都要被舍弃了。这只能造成可能的组合数量减少。密码的限制不仅没有让网上黑客的工作变难，反而变得更简单了。

他：我的天，我没有想过。可是然后……

她：没有什么然后了。这将是一个需要讨论很久的话题，有的密码比其他的更加"简单"，只是因为我们觉得简单。现在你就把它当做一种安慰吧。

他：一种安慰？

她：鉴于限制减少了可能的密码，所以重新找回你的密码应该更简单了！

没有发生的事和我们的生活有关系吗？人们需要为没有做的事情负责吗？不作为可以发挥人的主观能动性吗？世界是一个整体，海里少一滴水，勃朗峰都可以变高一点点。人生也是一个整体，我们的努力奋进和我们的无所事事都是人生珍贵的部分。

第六章

违法行为

你会疑惑这到底怎么会发生。镶嵌细工师痛苦地向在场众人道歉，目光聚焦在了她身上。"这真的是一个疏忽，放在左下角的洋红色玻璃片应该在右上角，而右上角的洋红色玻璃片应该在左下角。我很抱歉。"

你还记得吗？众人仔细地观察两片玻璃。它们完全无法被区分开来，颜色和形状都一样。"我知道你们在想什么，"镶嵌细工师接着说，"可是请相信我：这个马赛克作品真的和我想做的不一样。我真的需要把这两片玻璃换一下位置。"

远在几米处的地方，爵士乐钢琴家开始演奏。人群朝她围了过去。镶嵌细工师也转过身去，暂时把目光从她的作品上移开。弹得真好。鼓掌。钢琴家将目光从键盘上移开，藏不住自己的不安。"这真的是一个疏忽。不好意思。我开头弹的哆和弦应该在最后，而我结束这段乐曲弹的哆和弦，应该放在开头。我搞混了，不好意思。我不知道这是怎么发生的。"

　　你满脑子想着乐曲的事情，回来了。你没有注意到任何疏忽。你本来就没法注意到：两个哆和弦无法区分。"我知道你们在想什么，"爵士钢琴家说，"但是你们听到的曲段真的不是我本来想弹的。这两个和弦本来应该在不同的地方。它们被弄反了。"

　　画廊主姗姗来迟，他走近镶嵌细工师，变得愤慨起来："这部作品不应该在这面墙上！应该放在对面的墙上！您怎么能犯这种错误？"镶嵌细工师得体地回答："有什么区别吗？整个马赛克作品的空间位置并不是它自我身分的必需。您不会觉得我们在那不勒斯考古博物馆（museo archeologico di Napoli）可以观赏的《伊苏斯战役》（Battaglia di Isso）不是从庞贝（Pompei）修复的那个马赛克作品？重要的是单个组成部分的空间位置，而不是整体的。"

"那音乐会呢？为什么钢琴家不演奏了？"画廊主不耐烦地说。"我们说好16点，"爵士钢琴家回答说，"现在已经16点半了。如果我现在演奏的话就算额外的了。您不会觉得我们今天晚上听维也纳爱乐乐团（Filarmonica）演奏的马勒（Mahler）《第二交响曲》（Seconda Sinfonia）和昨天晚上因为乐团指挥身体不适没有进行的音乐会一样吧？演奏乐曲，整体的时间地点和部分的都重要。"

你现在想起来了吧？画廊主嘟囔了几句表示抗议。镶嵌细工师走向钢琴坐下来。钢琴家走向马赛克作品开始仔细审视。你和其他人都默不作声。

要是做了就好了

他：告诉我，你觉得一个人可以为他没有做过的事情负责吗？

她：这是什么问题。当然不行了！我们为自己做过的事情及其后果负责；没有一个人应该为没做过的事情认错或者得赏。

他：很高兴有人这么说。我有一些担心。

她：为什么？你做了什么？

他：我什么都没做，反正没做什么严重的事。这就是重点。可是矮牵牛死了。

她：死了？你照我说的浇水了吗？

他：我忘记了……

她：我就知道会是这样，你真的是不可靠。我已经求着你给它们浇水了。

他：我很抱歉。这些矮牵牛很美，它们现在干枯了我也很伤心。我真的是忘记了。

她：借口不错。

他：这不是借口。请允许我解释一句，你刚刚才说，没有人应该为了没有做的事情负责……

她：现在你想这么处理了！存在不作为犯罪（reati di omissione），这你比我更清楚。如果你制造了车祸，没有停下来帮助伤者，你是有罪的。

他：普鲁塔克（Plutarco）说过，忘记做善事不应该比作恶少受到谴责。

她：完全正确！

他：但是你说反了。你刚才说，我们不应该为了没有做的事负责。

她：我没有说反。我们没有做的事情，不是我们人生的一部分，就像独角兽和虚无乡①不属于我们的世界一样。因此他们无法随意地、合法地，或者正当地被影响。但是声称这一点并不等于否认普鲁塔克的文字。我们已经讨论过了：不过因为某件事没有发生而被罚和因为没做什么事被罚是完全不同的！第一种情况没有意义（也正因为如此，我说了回答你开头的问题那段话）；第二种情况完全是合理的。

他：有什么区别呢？

她：区别正在于，如果从一方面来说没有人们没有做的事情，那么从另一方面来说我们的每一个行为都等同于做了某些事情而不是另外一些事情。如果我们决定直接走开而不是停下来帮助伤者，在法律上是可以被判刑的，因为我们没有停下来（这是一个消极事实，而不是不存在的行为）。

他：可是我不是决定不给矮牵牛浇水；我只是简单地忘了。

她：你说得对，我不应该用那个词。没有停下来帮助伤者的人有错，就是因为这个人没有停下来，不管什么原因；你有错就是因为没有浇花。

---

① 塞缪尔·巴特勒作品。（编者注）

他：我可以问一下问什么吗？这个错是从何而来？

她：你想一想没有停下来帮助伤者的车辆驾驶员，假如说因此伤者的情况变坏，甚至濒临死亡。驾驶员有错的原因是，如果他停下来了，伤者不会死。同样地，你要为矮牵牛的死负责的原因是，如果你浇水了，矮牵牛不会死。我们的责任就是这样用反面事实的条件度量的。用普鲁塔克的术语来说，这对不作为（omissioni）有效，对作为（attuazioni）同样有效。如果你某一天没有踢一个很糟糕的球，窗户就不会变成碎片。这就是为什么你要掏修玻璃的钱。

他：好吧，你说得非常清楚。我觉得你说得对：我们倾向于判断归咎错误还是赞赏正是基于这样的条件。

她：这不是一种倾向，这是规定。《刑法》（Codice Penale）中关于"救援责任"（omissione di soccorso）和"因果关系"（rapporto di causalità）的条款就是根据这种条件考量适用与否。也正因为这个原因是你付玻璃钱，而不是特蕾莎（Teresa）女士付。是你踢了球，不是她。

好事者（路过，推着一个满是矮牵牛的小车）：好了，拿着。它们是活的，充满了生命力，并且还和这位先生忘记浇水的那些花一模一样。不过我觉得特蕾莎女士也应该给它们浇水！为什么她没有错？

她和他：什么？

好事者：这位先生因为忘记浇水而为死去的矮牵牛负责。如果我没有理解错的话，原因是如果他浇了水，矮牵牛就不会死。如果是这个逻辑，那么因为同样的原因，特蕾莎女士也应该负责。

她：不好意思，为什么呢？

好事者：同样，如果特蕾莎女士浇了水，矮牵牛就不会死。甚至仔细想想，我本来也能浇水的，那它们就不会死了。为什么您不觉得我错了？

她：可是我连你是谁都不知道！

好事者：正是如此！

充满不消息（anotizie）的不报纸（agazzetta）

他：你在读什么？

她：早间《不报纸》。

他：我没听清。你想说《报纸》，对吧？

他：不，我说的就是《不报纸》，而且今天——正如所有的周二一样——他还有一个副刊："不消息"。

他：能读到什么？

她：比如说，你看大标题：《今天政府没有卸任》。

他：好的，然后呢？

她：体育版："今天下午不会进行任何冠军赛，今天晚上也不会"。

他：这我相信，今天是周二。没有更具体的信息吗？

她：当然有了。"马尔卡塞瑟（Marcassese）没有和齐耶洛莱托（Chieroletto）踢比赛。因为没有踢比赛，比赛结果既不是二比零也不是三比二。另外弥尔坎姆（Mircam）没有和索莱乌迪亚（Soraudia）踢比赛。莱达齐尼（Retazzini）没有被驱逐离场，比赛没有结束，结果不是六比零也不是零比零。蒙蒂切罗（Monticello）没有踢……"

他：我的天呐。如果弥尔坎姆没有和索莱乌迪亚踢比赛，那不仅仅比赛结果不是六比一或者零比零，也不是五比二或者四比三，或者两万二比十四，没有被驱逐离场的还有莫兰迪尼（Morandini），佩洛利尼（Pelorini）和马尔康杰里（Marcangeli）。

她：听着，这和蒙蒂塞洛（Monticello）踢布维卡（Buvica）差不多。报纸说比赛结果不是两万二比十四，我觉得非常有意思。

他：按照这个逻辑我猜你会觉得新闻报道栏目非常

有意思，或者你把它叫做不新闻报道栏目？

她：你说的对。你看看这个。在米兰，朱塞佩·文森蒂（Giuseppe Vincenti）和切西拉·兰普尼亚尼（Cesira Lampugnani）没有被捕。

他：那他们做了什么？

她：报纸没说。可是托尼·马戈雷（Tony Magalé）没有被捕，这清清楚楚地说明他没有任何嫌疑，没有受到任何指控，没有道理怀疑他做了什么；更确切地说，上周五他没有从比利亚尔塔（Villalta）集市偷走七十二个苹果。

他：如何能这么确定呢？（这话说出来，我几乎要怀疑了。）

她：因为上周五比利亚尔塔没有集市。

他：无法辩驳的逻辑。现在我们开始说正经的。为什么要关心没有发生的事？

她：呃，让人安心，不是吗？你读到某些滥用血腥暴力以及不同类型危机的破报纸，从不吝啬对哪怕毫无重要性的事实的关心，宛如一个龙套演员的失恋。

他：至少我读的是真正发生的事情。

她：我也是啊！马尔卡塞瑟和齐耶洛莱踢没有比赛是真实发生的。鉴于它真正发生过了，我觉得知道它很重要。信息要完整。

他：什么都没有发生，这才是重点。一件事情没有发生和认为不存在的事件发生了，完全不一样。而且我们刚刚看到了，不是吗？没有发生的事情是不可能完全被列出来的。或许你的报纸某个地方还说蒙蒂塞洛和布维卡比赛结果不是两万二比十三，两万三比十二，两三天比十一……

他：唔……没有。不过确实说裁判没有吹任何违规，没有越界，但丁路18b号的公寓第12号房里也没有人从窗子向球场扔西红柿。

她：这一切都太可笑了。谈论没有被证实的事件就好像谈论不存在的事情，你不可能把全部都罗列出来。不管怎么样，这都是徒劳的。如果你需要一个真正完整的信息，只说存在的和发生的事情就够了。

他：可是……

她：而且你的《不报纸》并不保护你不接触到世界上的恶。说到底，它告诉你今天很多好事情也没有发生。比如在第5页上我看到恩惠之桥没有被修缮；第6页说皮耶罗（Piero）没有帮助韦基尼（Vecchini）女士在利索内镇（Lissone）过史特拉第瓦里（Stradivari）路。

他：可怜的女士。可是皮耶罗可以被原谅。如果你看不地理附件，上面清楚地写着，利索内镇没有一条路叫史特拉第瓦里。

缺席感染

上校：中校，请阅读，格罗让（Grosjean）中尉的报告到了。

发信人：格罗让中尉

收信人：克罗斯曼森（Crosmasson）卫生当局

我受到委托起草关于最近第36组村庄生产率突然下降的调研报告。地区主任抱着怀疑态度同意了我请求一位医生陪同我进行检查。最后我找到了S医生，他年轻、细心还准备周全，他是一个最好的信息提供者，多亏了他的智慧以及谨慎的观测工作，我觉得我们可以提出以下几点猜想。

5月12日，PZ女士报告自己的右边肩膀有疼痛；诊断表明她有轻度肌腱炎，医生建议她多休息发炎的地方。她由于工作原因需要使用两个胳膊，过度使用了左手，左边也因为拉伸过度发炎了。MT先生，上文PZ女士的丈夫，只能在接下来的日子里帮助自己的配偶完成任务；工作任务的倍增先是导致了他右臂的发炎，后来是左臂。最后整个家庭的劳动能力丧失，季节性体力工作的重任压到了对子家庭——他们一起运行着K工厂。由于过量且不可完成的劳动任务突然出现，造成了后一个家庭的过度劳累，随后此家庭里所有成员的上臂都罢工了。五月二十三日，K工厂的崩盘，需要L和M工厂的立即支援介入。后者因为没有不可或缺的劳动力，只好把工作任务分配给剩下的成员，但是需要的人力和可用的人力之间的不平衡导致了所有成员也很快失去了使用手和手臂的可能性。这个时候……

中校（皱眉状）：我同意，我同意。一个接一个地，整个36组都遭受了崩盘。我觉得这很显然和肌腱炎流行病有关。有什么保护措施吗？

将军：流行病是什么意思？我不觉得这里有任何病原体存在的迹象。懒惰，迟钝，缺乏毅力，还有什么可以称呼这个令人遗憾的情况？同志们，我要提醒你们，如果我们不加上季节性任务，对这个房间里面的所有人都没有好处。我们要惩罚犯错的人，给其他组一个教训。

上校：如果我可以插一句话……

中校：请说。

上校：我承认我们面对的不是真正的流行病。这份报告也不会让人切实联想到任何病原体的迹象。我们或许应该讨论的是"消极传染"（contagio negativo）。

将军：请详细解释一下。

上校：PZ的右肩膀发炎了，但是没有一个微生物或者病毒转移到了左边。左边的发炎是因为任务超过了承受能力。当然了，是由于右肩膀无法使用。无法使用是一个原因，但这是一个消极原因，缺席的原因。这个消极原因传播到了整片群众。因此我们可以讨论的是消极流行病（epidemia negativa）或者消极感染。

将军：所以呢？我们应该做什么？

上校：我们的生产系统太脆弱了。一只肩膀罢工的简单情况，就可以让它危在旦夕，我们应该重新考虑工作轮班制和休息制度。消极感染是弦绷得太紧的鲜明症状。

将军：您提议的是一次革命。我不确定自己是否可以容忍这种公然挑衅生产系统的言论。

中校：我觉得您应该听听上校的意见。请不要忘了，将军，革命也是流行病。

人民和不作为

他：越来越多的婴儿出生在这个世界，我们都快有八十亿人了。难道现在不应该停下来，减少繁殖？

她：等等。从来没有人说过人口增加取决于更多的小孩儿出生。

他：真的吗？那取决于什么？

她：比如说人们死得更晚了。我们的曾祖父祖母活到了六十岁，我们的曾孙可以活到九十岁。

他：然后呢？

她：这么说吧（考虑一个极限情况总是有用的），如果我们都是永生的，而且每一对成人继续只生两个小孩儿，人口就会无限增长。反过来，如果生育率更高，可是一百个孩子中只有一个能活到成人年龄，人口会减少。

他：同意。基于出生率，寿命增加会带来人口增加。

她：完全正确。

他：鉴于生命的长度增加了，而且我们不愿意将它减少，那么解决人口过量的方法就是减少生育！我要立刻开始行动起来！

她：什么，不好意思，什么叫你要"行动起来"？减少生育意味着不做什么事，而不是做什么事。

他：你这个句子很奇怪，语义模糊，甚至冗余。

她：我重述一次。减少生育意味着：与其说做什么事情，还不如说是不做什么事。

他：现在我懂了。但是我想做的事情就是：减少生育！因此我是想做事情的。我要赶紧了。

她：你让我很担心。或许你想限制自己生育？还是采取一些主动措施限制出生？

他：我不知道，但是这个问题很紧急，需要立刻采取行动。你也要同意，我们不能把地球变成无法居住的地方。

她：我看你挺着急的，我就不妨碍你了，你快去减少生育吧，别耽搁！

他：你说得对，我开玩笑呢。我试着塑造一个务实的悖论。不作为到底是不是行为，取决于你相信的哲学理论。如果确实是行为，它们终究还缺乏行为的一些特权。带球过人可以是辛苦而优雅的，一段爱情宣言可以如闪电般。可是对应的不作为，在某种程度上一致地灰暗而无声。"不要带球过对手"的意思是双手交叉抱着，面带狡黠的神色，或者至少我是这么觉得的。

她：也许是这样。但是当我叫你帮我清洁摩托车的火花塞时候，你这么说就是没有考虑到你的懒惰。

他：为什么，难道我没帮你？

她：就那样吧。你假装给消声器扫灰尘，在抽屉里找一个我已经在手里拿着的工具，满嘴嘟囔，故意拖延。我觉得你的不作为非常优雅，几乎是艺术忙的。

他：或许我可以写一个手册：《如何优雅地不做任何事情》。

她：对了，非常好。但是你要快，在灵感消失之前。

他：等一下……我的笔放哪里了？

完整的简历

他：现在够了吧，我又不是傻！

她：你怎么了？

他：我已经读了一天的简历了，没有一个不是只写美好积极的事情。我在这里学习过，我在那里工作过，我发表了这些文章，我赢得了那些奖项……尽是月来炫耀的事情。

她：我不觉得有什么奇怪的。简历就是这么写的，不需要假惺惺的谦虚，而要列出来参加过的学习、工作经验，取得的成果。你想读到什么其他的？

他：我想至少读到一些关于剩下的。

她：剩下的？

他：你不是想说服我说，这位候选人的人生只有他列出来的美好事情？好吧，他确实在曼佐尼高中（maturità al Manzoni）通过了会考；可是谁可以向我保证他之前没有在达·芬奇（Da Vinci）高中考不及格？另外一个女的列出了自己在有一定水准的科学杂志上发表的三篇文章。好的，可是或许她写了其他五十篇文章都一直被拒收，连教堂公告都没能上榜。我怎么知道？这个人更是赢了一个奖项。非常好的事情。但是有多少竞争者？他参加了多少个其他的比赛拿了最后一名？

她：我不懂。你想说候选人应该把这些信息也列出来？

他："这是"简历"（curriculum vitae），不是"荣誉堂"（albo d'oro）。你能想象一个足球教练的简历只总结了获胜的比赛和得过的奖项？很显然我为我的队伍招聘他之前，想知道他输了多少场比赛以及丢掉了多少个奖项。

她：我觉得这不是一种情况。你不能一概而论。

他：你会招聘一个因为犯错把一栋公寓炸飞了的电工吗？一个忘记伸展报纸毁掉了镶木地板的粉刷匠吗？一个炫耀自己懂得法拉利（Ferrari）的所有细节却没有告诉

你他把所有交给他的菲亚特（Fiat）都搞坏了的修理工？一位宣称自己在巴黎（Parigi）是专家却不告诉你她在维切利（Vercelli）开的饭店不断有客人食物中毒的女主厨？一位女律师……

她：停。我相信这里有一个误会。你想要的不是简历，而是候选人的传记。更别说我觉得你评判人的优点和品质的时候，不是很愿意忽略发展的过程中不可避免的错误。没有人是完美的，人人都知道。所有人都很努力，没有人优秀到保证一个接着一个地成功。重要的是，考察一个候选人态度的时候，不要关注他失败的地方，而是他会做的事情。因此简历要这么写。大家列出自己自豪的事情，因为可以体现自己的潜能和能力。

他：我想同时评估我会遇到的风险。

她：依照这个逻辑，你最后判断一个人的标准可能是无关的或者终究不合适的，尤其对于其过去过度关注了。

他：简历考察的就是过去，当然不是未来。

她：但你把简历当作了简单的学生期末总结。而且我知道你的，很挑剔。如果我们一起度过一天，一切很完美，除了我一句不那么令人高兴的话，你就会对此很生气而忽略其他。比起一百分的关注，你更看重的是一个小失误。如果简历是按照你的标准写，你不会招聘任何人。而且，不好意思……

他：现在又怎么了？你正惹我生气。

她：如果你真的想要完整的信息，在积极和消极的数据之外，应该要求一个包含中性信息的简历。

他：当然了！我想要胜利、失败和平局！还有平日训练，这么说吧。

她：我猜你的简历是这么写的？

他：完全正确。在这，如果你想看一眼，我刚打印出来。（递给她六千页的包裹）

她：嗯……有意思。嗯……可是……

他（越发生气状）：可是什么？

她：你有没有读过《项狄传》（Tristram Shandy）？

他：劳伦斯·斯特恩（Laurance Sterne）的小说？没有读过，怎么了？

她：就从这个开始说起，因为此处没有写。按照你的标准，我觉得这是一个很严重的遗漏。更重要的是如果你读过的话，你就会知道一封你想要的简历是不可能写出来的。特里斯舛·项狄已经试过了，要想把一天内发生的事完整呈现，需要一整年。

121编码

发信人：安全部

主题：121编码

警告：不要阅读这篇文章。有被感染的危险。此文件为实验1.2版本，稳定性已得到证实，扩散可能从此刻开始，尤其在政治脆弱性高的地区。

这篇文章的读者将有面临神经编程（programmazione neurale）的极高风险。其文字顺序包含一个隐藏的字母代码，会被子注意模式读取并自动在布罗卡氏（Broca）区加载莱拉（Leira）程序。蕾拉被校准在阅读这篇文章二十一分钟之后启动。感染的症状为被感染主体在每句话的末尾重复"坦坦"（Tan-tan）这个序列。程序启动时在大脑额叶和主管解码与处理视觉刺激的枕骨皮质……（略）区域创造一个自己的副本，改变读者的决定和感官能力。感染症状是被感染主体以为自己视野的右下区域收到了指示并且缺乏抗拒此指示的能力。

警告：当安全部的人员显示有此症状时，请将自己的注册号码刻不容缓地告诉121编码的负责人。目前为止还没有解药，也无法预见相关研究。鉴于莱拉程序传递的指示具有的极高毁灭性，为了避免侵害他人及自己，每一个被不小心感染的人员将被完全隔离。隔离的最短时间将和第一次阅读文字后度过的时间成直接比例，每分钟相当于一整天。

更确切的信息是，向视觉和决定区域发送的指示是通过分泌实现，这超出了本部门的能力。因此本部门不接受关于莱拉和121编码的可能投诉，请向法规规定的有关当局寻求帮助。从现在开始，完整读过这篇文字的人将会有二十一分钟可以主宰自己的最后意志。

别发信息了

发信人：BSAN@XYZ.COM

主题：保证效果！

厌倦了不知道如何在公共场合微笑？美白思瓣（Biancos pan），改变您处理商务会谈的牙膏。网上下单只需15欧！第三次使用后就保证效果！

发信人：ABC@XYZ.COM

主题：回复：保证效果！

我不知道谁是这个新闻组的管理员，不过我很遗憾发布的广告信息没有被过滤。我注册是希望能够时不时参与到一场严肃的讨论中，但是最近几周我唯一收到的信息仅有的功能是堵塞我的邮筒。请把我的名字从收件人列表上去掉，谢谢。

发信人：EFG@XYZ.COM

主题：回复：回复：保证效果！

请把我的名字也去掉，谢谢。

发信人：HIL@XYZ.COM

主题：回复：回复：回复：保证效果！

我受够了自己的邮筒被无用和恼人的信息塞满了，最后几次的信息都是这样。请取消我的订阅。

发信人：MNO@XYZ.COM

主题：回复：回复：回复：回复：保证效果！

我不知道为什么我也在全部这些信息的收信人列表里。把我的名字去掉！

发信人：PQR@XYZ.COM

主题：回复：回复：回复：回复：回复：保证效果！

这些信息到底是什么呀？如果是病毒那得做些什

么了。

发信人：好事者@XYZ.COM

主题：回复：回复：回复：回复：回复：保
证效果！

不是病毒，只是一则广告信息成功渗入到一个邮
件列表里后引发的普通无用信息链。我在此提醒所有成
员，要想离开这个列表需要发一条信息给：（列表）—取
消订阅@……集团.COM并在邮件主题写明自己的邮箱地
址。给普通列表地址写信于事无补甚至会让情况加剧，更
进一步给其他成员的邮箱带来负担。

发信人：AAA@XYZ.COM

主题：回复：回复：回复：回复：回复：回
复：保证效果！

没错。我也想要离开列表，谢谢。

发信人：BBB@XYZ.COM

主题：回复：回复：回复：回复：回复：回
复：回复：保证效果！

别再发这些信息了！！！把我的名字从你们该死的

列表拿掉！

发信人：HJK@XYZ.COM

主题：回复：回复：回复：回复：回复：回复：回复：回复：回复：保证效果！

请把我的邮箱地址从你们的列表拿掉。谢谢。苏

发信人：VJS@XYZ.COM

主题：回复：回复：回复：回复：回复：回复：回复：回复：回复：回复：保证效果！

请取消订阅。

发信人：ABC@XYZ.COM

主题：回复：回复：回复：回复：回复：回复：回复：回复：回复：回复：回复：保证效果！

有没有人联系一下这个列表的管理员并告诉他把列表取消！（我给postmaster@xyz写了，希望他们可以做些什么，但是没效果。）

发信人：TUV@XYZ.COM

主题：回复：回复：回复：回复：回复：回复：回复：回复：回复：回复：回复：保证效果！

把我的名字从列表拿掉。请把我名字从所有的列表中拿掉。你们这些无聊的信息我每条都能收到三份！

发信人：好事者@XYZ.COM

主题：回复：回复：回复：回复：回复：回复：回复：回复：回复：回复：回复：回复：回复：保证效果！

所有向列表发信息要求把自己地址拿掉的人：不要发这样的信息了！我们所有人的邮箱都被抱怨挤满了！（请原谅我的信息，但是我觉得这很必要……）

发信人：ABC@XYZ.COM

主题：回复：回复：回复：回复：回复：回复：回复：回复：回复：回复：回复：回复：回复：保证效果！

你的信息和其他的一样没用。

发信人：GEF@XYZ.COM

主题：回复：回复：回复：回复：回复：回复：回复：回复：回复：回复：回复：回复：回复：回复：回复：保证效果！

你的信息也同样没用。好吧，现在想一想我的这条信息，我的天，太羞愧了，对不起大家！我就趁这个机会给大家打个招呼，我爱你们，我爱米姆（Minmo），再见！

发信人：KKK@XYZ.COM

主题：回复：回复：回复：回复：回复：回复：回复：回复：回复：回复：回复：回复：回复：回复：回复：回复：保证效果！

你们这些一直给邮件列表蠢货都听好了：快@%#$§！停下！如果你不想收到邮件，就不要发。白痴。

发信人：好事者@XYZ.COM

主题：回复：回复：回复：回复：回复：回复：回复：回复：回复：回复：回复：回复：回复：回复：回复：回复：回复：保证效果！

总之我们表达意见的时候要尽可能做到礼貌。这么说吧，我现在没有在向列表发信息，而是发元信息。换句

话来说，这则信息不面向新闻组，不是为了让我们好好
讨论讨论，而是为了让我们记起几个列表功能的实用原
则。另外还有交谈的道德功能，不管是书面的还是口头
的。想一想，如果我问你们："你们愿意停止回答我说是
吗？"如果之后你们回答我说"是"我当然不能生气，因
为问题在于我的问题，它要求一个和自己相反的事情。可
惜的是，我现在处于一个完全相似的矛盾情况。我想请求
你们不要再发关于列表信息堵塞问题的消息，可是我唯一
这样做的方式就是发一条信息！但我请求你们把我当做
马克斯·舍勒（Max Scheler）讲的思想价值中的一种，道
德哲学。有人指责他自己放浪的行为和他书中的预见完全
不符，他回答说，他的箴言就像是路牌，是为了指示方
向，而不是一定要朝着那个方向走！（想一想如果这个真
的发生了会怎么样。）因此我拜托你们，不要回复这条
信息，我们在此关闭这个列表里无法控制的信息。祝大
家好。

发信人：KKK@XYZ.COM

主题：回复：回复：回复：回复：回复：回复：回
复：回复：回复：回复：回复：回复：回复：回复：回
复：回复：回复：回复：保证效果！

最后一条信息说的什么？为什么你们就不能停下停下停下呢？还有谁是米姆？

裁判错误

他：桑普多利亚（Sampdoria）和都灵（Torino）踢的比赛真是难以置信。是人都会犯错，可是有的裁判错误太超人类了。

她：对，没错。下半场最后的点球太不真实了。

他：我说的不是都灵的踢点球，而是上半场最后桑普多利亚被取消的进球。

她：要是这样的话我就不同意了。波齐（Pozzi）是在裁判吹了半场哨后才得分的。所以这不是被取消的进球，而是超时的进球。

他：是的，没错。正因如此多利亚人（doriani）才会这么生气，我也觉得难以置信。裁判是在一个动作的正当中吹哨的。波齐射入球网一秒钟之前，帕德利（Padelli）反推了帕隆博（Palombo）的球！

她：可是裁判已经很明白地和球员说过了：踢了任意球之后就要吹结束哨。

他：首先我不理解一个裁判怎么会有权力说出这种言论（这是什么——一个许诺？一个预防性分析？一个对未来发生事件的评估？），你要同意，他话语的唯一解读方式是就是，他会在惩罚最后吹结束哨。不一定是任意球的末尾。他肯定不是想说当帕隆博的脚刚刚碰到球，或者球刚刚移动，他就要吹哨。不然的话踢任意球有什么意义？

她：好吧。但是球刚刚到目的地，任意球就结束了。而且球没有进入球网；而是被守门员推了出去。

他：完全正确。所以这个动作还没有完成，球还在运动中，任意球的运动还在进行中。

她：这有待商榷。我觉得，对于裁判来说，任意球的运动是球在打到守门员的时刻结束了。

他：啊，是吗？那如果球打到了守门员后进了网呢？不要告诉我这种情况下还应该算他们进球？

她：在这种情况下是的，算是进球。如果它打到守门员后先是碰到了横梁，然后最终进了网，我也会说同样的话。

他：我知道你会这么说（这是肯定的），因为如果球进网之前被帕德利推出去然后被波齐重新踢进去，你为什么不把它算作一个进球？我不是对桑普多利亚前锋有意见，可是我不觉得他和横梁之间有区别。而且如果波齐没有直接重新踢进网，而是踢起了球，他的队员进了头球，我也不觉得有什么区别。或者如果波齐横传之前有运球过人这一动作。诸如此类。

她：其实……现在我仔细想想，设想球没有打到守门员，而是被都灵队的防守球员用手推开。算不算点球？

他：我朋友法比奥（Fabio）给我说过，根据足球联盟规定，这种情况下裁判应该罚一个点球，不管任意球的运动有没有被判定为已经结束。

她：法比奥是桑普（Samp）的球迷，他当然要向着自己的队说话。

他：法比奥是一个完全中立的人。而且他也只是向我复述了联盟的官方宣言。再说了这也正是你所想的，不是吗？如果守门员可以用手拦住一个球，那就可以有一个任意球？

她：对，没错。我开始理解为什么多利亚人生气了。

他：这就是为什么我说有些错误是无法接受的。这不是一个简单的裁判的"忽略"。通过这些事情我们学会了如何生活。这是一个概念性错误。其实更糟糕，它是闻所未闻并且含糊的许诺，是专断的，按照都灵球迷的话说，是令人无法接受的规则。

税务游戏

地球人：您这么着急去哪里？

火星人：去玩税务游戏。

地球人：什么？税务游戏？税务可不是游戏，而恰恰是需要缴纳的税，也就是一份奉献，有时候它是不公正的，是一个负担，是每个月末遇到的困难，还可能是一种滥用，可能过于沉重，可能是一个不愉快到极致的负面事物……

火星人：您怎么想都可以。在我们这里有一种游戏，您来，我给您展示一下。

地球人："税务游戏"。多么奇怪的店铺，里面卖这么多卡片……

火星人：看到了吗？规则很简单。我支付两个科柯洛尼（Kokorone）（相当于你们的五欧）的税，作为交换得到这个彩色的收据。我家里收集了好多，我对自己履行了公民义务感到很自豪。

地球人：收集？您经常玩，也就是说，交税吗？

火星人：工作日每天一次，休息日每天两次。可这是我自愿玩的游戏。另外还有我交的年税、工资税，以及其他收入税，我记得你们也有啊，不是吗？这些税，不管情愿不情愿，大家都要交。

地球人：当然了，可是您说，您不仅要按照自己的工资交税，还有每天"自愿"交的税？

火星人：是的，这是自然的。这是一个很好的主意，我每年给国家赠送一千个的科柯洛尼。

地球人：我的天。真正的公民责任感。我可以看一看这些卡片吗？

火星人：当然了，您拿着。

地球人（拿起卡片，闻了闻，在手中翻来覆去）：四色印刷，有镀银的区域……六个章……您试过刮开这些章吗？

火星人：您想说藏起来的数字？是的，我有时候刮，权当娱乐。

地球人：如果出现特定的数字，会发生什么吗？

火星人：是的，政府每周随机发布一串从一到九十九的六个数字，如果一个人的章底下正是这些数字，可以赢得一笔巨款。

火星人：可是……可是……可这是彩票！

火星人：在你们那边确实是这么称呼的。可是我们都知道，这都是宣传的权宜之计，是为了让你们相信自己不是在玩一个给政府免费捐献的游戏（鉴于你们特别不喜欢捐献）。您完全可以把它称作甲或者乙，可它的真实名字是自愿税。

地球人：彩票是一个游戏，有时候还可以赢。因此我也玩。

火星人：不是吧。我们都知道，赢彩票的概率低到离谱，如果一个人用同一组数字玩成千上万年，都不能猜对哪个能赢的。因为很久以前就理解了此事（理解这件事并不是很难），我们习惯实话实说。而且我们玩游戏的时候，不会异想天开希望能赢，而是为了为国库做贡献，用来修复艺术作品，资助新小学的建造……

地球人：啊，这点我从来没想过。如果知道彩票是自愿税，我才不会玩呢。

火星人：不管您怎么认为，彩票就是自愿税。如果您更愿意当做是别的，大可继续。国家在意的只有您做出的贡献！

滥用放映

尊敬的马尔蒂内尼（Martinelli）女士：

我注意到昨天晚上您在花园里调试灯光和颜色。我非常感激，这种邻里之间的善意总是让我暖心。可是您能解答我的一个疑问吗：您当时在做什么？我希望植物和花朵不会受到损害，您知道，今年春天来得晚一些。

诚恳的，

您的邻居卡德纳〔Cardena）

尊敬的卡德纳先生：

谢谢您的信息。请不用担心植物和花朵，我们只是在您家墙上放映电影，为了不打扰您，我已经给我们的朋友们和孩子们戴上了耳机。如果您想今天晚上加入我们，我们租了《红影子》（Le Ombre Rosse）。如果来的话请告知我们一声。

马尔蒂内尼

亲爱的马尔蒂内尼：

我想确认一下。你们用我的墙放映电影？

亲爱的卡德纳：

您的墙是我们院子的边界。我不觉得用它来放映会给您带来什么损失。难道我想错了？

卡德纳：喂，马尔蒂内尼女士？我觉得我们需要先口头说两句。我不同意用您我的墙放映。我们可以谈两分钟吗？

马尔蒂内尼：早上好，谢谢您的来电。我们借了一个视频放映机，如果我们把灯束对准您的墙壁可以得到又大又美的画面。就像我向您说过的，我试着不给您带来任何烦扰，因此我给每个人都发了耳机。鉴于您的墙和我们的财产毗邻，你只有进入我们的院子才可以看到电影（也才终究会被打扰）。

卡德纳：我理解，女士，也很感激您的处理方法。可是，您看，问题是您正在用我的墙做一些事情，没有经过我的许可。

马尔蒂内尼：什么事情？

卡德纳：比如说，您把光发射到了我的墙上。

马尔蒂内尼：不好意思，这也就是说，晚上的时候我连院子里的灯都不能开了，因为这也会把光发射到您的墙上？我需要把灯遮起来？或许我连在院子里说话都不行？声波也会打到您的墙上，这是自然的！这难道不是有些夸张吗？

卡德纳：请您试着理解这个理儿。一方面是如此发送光，没有特意想要使用墙壁。一方面是专门使用墙壁，不管有没有光……喂？您在听我说话吗？我听到了一些奇怪的声音！

马尔蒂内尼：我来到了距离您墙壁二十米远的地方，试试回音……试试回音……试试回音。这样也不行吗？我现在正专门使用您的墙壁。我给您造成了任何损害吗？我让您失去了什么吗？

卡德纳：实际上您给我增加了一些东西。可是总而言之，如果您在我墙壁上放映一部淫秽电影，邻居看到后会觉得我的房子参与其中，辱没了我的好名声。如果您在我的墙上投射绿光，我的家对所有人来说都是绿的，可是我却喜欢它是白的。我觉得这个要求不过分吧。

马尔蒂内尼：那如果我种下一片树篱呢？谁也看不到您的美丽墙壁了。如果您如此重视您完美的墙壁，就应该把它建在距离我财产边界的一米之外。

卡德纳：好吧，厉害了。这样我从窗户扔垃圾的时候，全都扔到了我自己的院子里了！

狗和主人

店主：我想说，或许您没注意，可是您的狗刚刚弄脏了我摊位前面的人行道。您可以把脏东西捡起来吗？

狗的主人：当然了，谢谢您告诉我。我一般都会捡起来的。（从雨衣的兜里掏出一个小塑料袋）好了。再次表示不好意思，祝你一天愉快！

店主：不好意思，可是您的狗的粪便是那个。不是您刚捡起来的。

主人（凝视着小袋子）：我确实捡了另外一只狗的粪便，它特别像我的狗的。

店主：每个人都可能会认错。

主人：我可没有犯一点儿错。我捡起了和我的布罗克斯（Brox）的完全相似的粪便。您看！

店主：啊，好吧。我信了。这个倡议很友善，社区会因此感激您的。可是现在您不想要捡起您的乌罗克斯（Vrox）的便便吗？

主人：布罗克斯，布罗克斯。它的名字叫布罗克斯。

店主：您觉得怎样好都行，或许您现在就捡起来比较好。

主人：呃，您觉得我捡起了和布罗克斯的一模一样的排泄物还不够吗？

店主：正如我和您所说的，您想怎样对待其他动物的排泄物都可以，可是您终究要负责您自己的。

主人：我们要把它变成个人的，甚至是人格的问题吗？我的狗产出了一百克的粪便。我捡起来了一百克的粪便。对世界万物的总资源来说，结果是一样的：街上少了一百克的粪便。

店主：哦，您说得太深奥了。我可不会和你辩论。如果您弄脏了，就要清理。

主人：可是我清理了。

店主：没有清理没清理掉的。

主人：不好意思，您是做买卖的，对吧？

店主：当然了。科尔贝利（Corbelli）得奖企业，五代人以来致力满足客户最严格的要求！

主人：所以客人付给您钱，您付给供应商钱。

店主：这是自然。我们付款严格守时。

主人：可是对于您来说，您的客户是用支票、信用卡、银行转账还是现金，都没有区别。

店主：当然了。重要的是我的户头上会收到一笔款项，具体支付方式随便。

主人：那么当您卖出一小瓶果酱的时候，到底是不是这瓶果酱而不是架子上旁边那一瓶，这不重要。

店主：如果两瓶之间没有质量差别，不管是对于我还是对于买家来说，都不重要。

主人：那么，不好意思，您为什么要区分这个小袋子里面的粪便和留在地上的呢？

店主：因为……因为……要捡起来的应该是自己狗的粪便！出于相同的原因，如果您买这小瓶果酱，那您就应该负责处理这个空瓶。您不会以为，只需要在玻璃收集箱里放一个相同的从街上捡来的瓶子，然后把您的放在人行道上就可以了？

主人：这出的都是什么主意。当然不会。您不要想着我会吃您人行道上的果酱！

付款的小偷

客人：早上好。我想要一公斤苹果。

店员：您拿好。一共5欧元。

客人：看起来很好吃，谢谢。可是我真的没有支付5欧元的意思。

店员：您不要告诉我太贵了？我们的价格无人可敌。

客人：当然不是了，我不关心价格。我想不付钱就拿走苹果，就是这样。

店员：什么？您不是要告诉我您想要……偷苹果？

客人：是的，正是如此：我想偷苹果。

店员：这样的话，请原谅，我要叫警察。

客人：警察？那就真成麻烦事儿了。有这个必要吗？

店员：当然有必要了。除非您想说您自己的经济状况……

客人：别这么想。我的薪水很高！

店员：那您为什么想偷东西？

客人：很显然是为了犯盗窃罪。

店员：那我们不要再浪费时间了……

客人：停下，等等！这是5欧元。不要叫警察。

店员：现在我们没事了。如果您付了苹果的钱，一切正常。

客人：才不是呢。我说过了，苹果我是准备偷的。这5欧元是为了补偿你不叫警察。这是贿赂。

店员：您听着，无论您想把它称作什么都行。我没意见。您拿上苹果，我们这事儿就算过去了。

好事者（从一个架子后面出来，拿着16包枣）：停下！如果您接受了，没有听到你们完整对话的人可能觉得这是一个简单的买卖。

店员：正是如此。

好事者：你们可以认为意图是我们行为不可或缺的一部分，意图决定了行为的性质。挥手跟一个朋友打招呼和挥手赶苍蝇完全不同，虽然两种情况下的手势看起来一模一样——至少一些道德哲学家是这样认为的。因此，回到我们这个情况，这根本不是买卖：这位先生没有想要付苹果钱的意思。他想腐化您。而您自己还同意了。

店员：可是我……可是您……这是什么陷阱？

好事者：别激动，这完全取决于我说的理论——它认为行为严格取决于意图。话说回来，或许你们的情况证明了这个理论真实可靠。

店员：其实大家都说，不应该推测意图进行判定。

客人：可是我们不仅仅是在考量意图。我们的意图引发了很确切的行为。

好事者：好吧，可是具体是哪些行为？我们如何确定它们？如果我们做的事情不是由我们的意图决定，我们社会活动的背景应该可以帮到我们。"偷窃与腐败"的行为，加上与商品价值相当的补偿，这处于无法理喻的边界。

店员：听着，我有一个提议。我把苹果送给您。就这样：我有意把它们送给您，并且我送给您了。这样您无法偷苹果了。您给我5欧元，然后我们再也不要谈起此事了。

客人：5欧元？为什么呢，如果这些苹果是礼物的话？

好事者：为了找到一个不管是法律上还是道德上都没有诡异后果的解决方式！

店员：完全正确。这5欧元是我的小型咨询的费用。

无动机行动

她：你在做什么呢？

他：我在搬书。我把封面是黄色的书和封面是蓝色的书换个位置。

她：你为什么要搬书呢？

他：这是什么问题。我就是移动一下它们的位置。

她：你做这个事情肯定是有动机的，不是吗？

他：一点而不是。你不要告诉我，我们做的所有事情都是有动机的？

她：我同意，有时候我们"做"一些事情是没有动机的。比如打嗝，比如从梦中醒来。可这些不是真正的行动，不是我们有意要做的事情。有意图行动的特征正是被动机引导。搬书是一个有意图行动。

他：我同意你说的每一个意图对应一个动机。可是我现在想和你说的是，我改变黄书和蓝书的位置没有任何动机。

她：可这是没有意义的行动……

他：如果你一定要坚持，我可以和你说我搬书是因为我想搬。这就是动机。

她：可是你为什么想搬？

他：你永远都不满足！现在不仅期待我给你行动的动机，还需要我的意志？

她：你不能说你做一件事情的原因是想做，而不给我解释其中的"为什么"。

他：我们这么说吧：我想要搬书的原因是……因为这样的话黄色封面的就会在绿色封面的书上面，而且蓝色封面的书就会在红色的上面。你满意了吗？

她：这不是一个动机。动机是我们行动的原因，不是结果。

他：原因？你一开始就应该这么说。这样的话，我搬书的动机是今天早上我突然有这样做愿望！

她：我没有表达清楚。我不是想说每一个原因都是动机。一个行动的动机是实现某个目标的欲望。

他：正是如此。我特别想按照我刚才和你说的方式搬书。

她：可这是一个毫无根据的欲望！

他：给我举一个更加有根据的欲望的例子。

她：我们看看啊……我想要一份新工作。这个欲望的根据是：我对现在的工作不满意，而且我觉得一份不同的工作可以改善我的生活。

他：很好。我希望书的摆放方式不一样。这个欲望的根据是：我对它们现在的摆放方式不满意，我觉得新的摆放方式可以改善我的生活。

她：可是为什么可以改善生活？

他：我怎么知道？我们更喜欢事物的某些状态，会觉得令我们更舒适。你为什么觉得一个新的工作可以改善你的生活？

她：我会有一份更体面的收入，或许更多空闲时间，我还可以干自己喜欢的事情。

他：正是如此。

她：你真的看不到区别吗？

他：没有看到一点儿区别。我知道，如果我们愿意的话可以有一连串的为什么，可是总归需要在某一点停下来。比如说我想送给你一个礼物。我可以给它一个动机，说因为我想让你高兴，我可以继续加上，我想让你高兴的原因是我喜欢。不要告诉我，我还需要解释我为什么喜欢你？我喜欢你，没别的了。

她：我知道，我没问别的。

他：可是为什么你觉得书就不一样呢？

她：你最好还是不要问我了。

镜子窗户

他：这不是一个好主意。

她：什么？

他：在街道那一面装上镜子窗户。

她：你之前不是抱怨人们朝着家里看我们吗？住在一层是有代价的。

他：确实，至少他们现在看不到我们在做什么，尽管有时候那些习惯偷窥我们的还是……

她：别这样，还偷窥我们呢。你不要太自以为是。或许他们真的爱偷窥，可再说了，有什么好看的？看你在客厅给我端咖啡？看我读书？他们有时候确实烦人，但没有恶意。

他：我不知道，可是有时候我还能看他们在仔细审查我们的公寓，或许是旧习很难改变吧。总之他们还不是最糟的。

她：唔，你终于说出来了。那谁是最糟的？

他：有些用我们的窗户……来照镜子的人。

她：这给你带来了什么损害？这只能证明新窗子质量很好，保护我们不受到窥探。如果它们可以当镜子用就更好了。

他：可这很烦人，你就承认吧。我正坐着看报，面前出现一位女士，从包里拿出口红，开始整理妆容。我正全神贯注地一边踱步一边沉思，突然一位父亲带着小女儿来了，开始做鬼脸，跳舞。我正吃早饭，突然……

她：我懂了，我懂了。有时候我也遇见有一位邮递员整理她的围巾，一位帅哥在演习勾人的眼神……

他：哼，那个丑八怪。别想让我嫉妒。总之今天早上我终于受够了，就挂上了一个牌子。"尊敬的路人，请不要在我们的窗户上照镜子，因为我们从里面可以看到你们，而且你们给这个房子的住户造成了很大的困扰。不然我们将被迫采取行动应对这些不当行为。"

好事者（出现在窗户外，做鬼脸，故意吸引注意，敲玻璃。窗户打开了）：早上好，我从这里路过，看到这个用语有些激进的牌子。你们觉得这是正确的训斥行人的方式？

他：您觉得激进？您想一想我们在里面的感受。

好事者：我不知道，也不感兴趣。我知道的是，自己会继续做鬼脸，扮怪相。我这可是在公共通道上。我想做什么怪相都可以，就不信你们会采取"措施"阻止我。我还要告诉你们，我做的怪相不是随意的，专门针对你们，我希望就算看不到你们在不在里面，也能给你们带来打扰。请注意，你们每次看到我扮怪相，都是针对你们的，而不是对着镜子里自己的形象。

他：这真是一个大麻烦事儿！您太无礼了。您知道我要做什么吗？我下回拍下您，然后告您！侮辱罪、毁谤罪，还有其他的。

好事者：那我也拍自己，这样大家就都能看到，我是对着镜子扮怪相，你的"证据"不成立。然后……

她：然后，然后，还有然后。我们还是冷静一下。我不觉得这种情况需要法律文书和律师介入。也许有一个友好的解决方法（我当然首先会把牌子去掉）。

好事者：什么方式？

她：您知道我看到您在窗户外会怎么做吗？我要做镜子的镜子。我会模仿照镜子的人，然后过一会儿，我就会看起来像在对着他们照镜子。因此，如果您朝着我扮怪相，就会知道我也在向您扮怪相……我模仿您的能力很高超，如果我也拍个视频，看起来像是我正对着您照镜子。

好事者：好主意。可是您知道最近某一天会发生什么吗？

她：不知道，什么？

好事者：您的双胞胎姐姐住在距离这儿4.8公里①的地方，不是吗？

她：所以呢？

好事者：最近某一天，你的双胞胎姐姐会来找你。她不知道你们用镜子替换了透明玻璃，看到反射中自己的形象，以为您在模仿她。这个时候您在里面开始玩那个镜子的镜子游戏，这样一来，在姐姐不知情的情况下，您真的模仿了她。

她：我的天，您说的有道理。这真是一个不知情下真正有理由相信的好例子！保利娜（Pauline）看到了她自己，她有足够的理由相信我正在模仿她，而我实际上确实在模仿她。总而言之保利娜不知道我确实在模仿她。

他：而且如果你停下来，她是不知道的，还会不管不顾继续相信相同的事。

好事者：完全正确。让我们为认知论镜子干杯！

---

① 原文为一千里格，欧洲古老长度单位，相当于4.8公里。（编者注）

偷窃手推车

他：我们真的要迟到了。按照这个速度我们肯定来不及赶去超市，买菜，回家，然后按时到节目现场。

她：你要有耐心。你看，我们在这里停车，然后就到超市了。

他（上气不接下气状）：好的，我们推这个小车，快跑快跑……我们从蔬菜开始……等等，你看这个。

她：什么？

他：你看这个推车。

她：你是想说我们的推车？

他：不，是另外一个。我觉得它属于那位在鱼柜台排队的女士。你看，里面有水果，还有茄子、奶酪、牛奶……等等，让我好好检查一下我们的购物单……油、面粉、去皮西红柿……其实我们需要的东西都在这儿，不是吗？

她：看来那位女士的冰箱和我们的一样空。两人分担，困难减半（Mal comune，mezzo gaudio）。

他：我想说的不是这个。我觉得我们可以拿走那位女士的手推车去收银台。如果我们动作够快，现在没有人看着我们……

她：你开玩笑呢吧！我们可不能偷那位女士的东西！

他：偷？怎么能这么说？那位女士还没有买这些食品呢，所以这些不是她的。我们去收银台结账，当然谁的东西都没有偷。

她：可是，这总之是那位女士的手推车。

他：这是超市的手推车，那位女士装了超市的东西。这不是她的，比如她不能把它带回家。我们也不能把它带回家。我真的不觉得超市员工会发现。

她：技术上来说，我同意你说的——也许法律上也是——这不是一起偷窃。就算你的提议不是真正的违法，可是从根本上来说是错的。那位女士花费了一些时间给手推车里装东西，或许她和我们一样赶时间，或许这个时候她已经把购物单扔了，不知道怎么重新开始。

女士（走近手推车，听到了这番谈话）：不好意思我打断一下，看你们很着急，我很愿意把我装满东西的手推车给你们。作为交换，我只是希望能用你们的手机给我的老妈妈打个电话。

他：谢谢……

她（用手肘阻止了他）：女士，您太好心了，这虽然可以解决我们的问题，但是我们真心不能接受。作为补偿，请拿着电话，给您母亲打电话吧！

女士：是我坚持要这么做。总之谢谢您的电话。三三七，四十一……妈妈？我找到你今天早上从那个年轻人手里偷的手推车了。是的，别担心，他们没有逮捕我。可是下次挑一个有鳎目鱼（sogliole）的好吗？我买鱼排了四十分钟队！

凡剧

她："我走过你们人生的结尾，却又步入一片明亮的空地，这是因为我迷得①了错误的路径……"这是什么东西？

他：这是我新剧的开头，《凡剧》。

她：有一点让我想起《神曲》……

他：要的就是这个效果！我的想法是：紧紧跟随但丁作品的文字，可是说的话要完全相反——每一行，每一段歌节都相反。

她：这是彻头彻尾的抄袭！

他：抄袭？我刚才和你说过，我的文字和《神曲》的完全相反。抄袭指的是内容相同。

---

① "迷失"的生造反义词。（编者注）

她：我可没有那么确定。假如说你出版了和《约婚夫妇》每字每句都相同的小说，却只是在开头加上一句："以下均为虚构。"虽然在内容层面你可以说和原文相反，可我倒想看看，你到底会不会被定罪。

他：可是这样一来，我是在（完整地）引用曼佐尼（Manzoni）而不给出参考文献。我的《凡剧》和《神曲》完全不一样。没有一句话是相同的。

她：如果是这样，我都不知道这是不是一个意大利语词："迷得"？

他：诗歌通假字。

她：总之重点不是这个。不管是不是你的成果，你的文字从根本上源于《神曲》。还有，不好意思，你凭什么说你的作品每一行、每一段歌节讲的都是相反的事情？

他：我还以为这很显然呢。你看，我的文字没有说"我走过我们人生的一半旅程"而是写了"我走过你们人生的结尾"，还有……

她：停下。为什么是"结尾"而不是"开头"？

他：两个都可以。我选"结尾"是为了保持标准一致。

她：还有为什么"你们的"就是"我们的"的反

义词？

他：我们和你们一直是反义词啊，不是吗？

她：这话听着真不顺……我们跳过这个。为什么要加入第二个反义词？只写一个"结尾"不够吗？

他：反义越多越好。

她：那你为什么没有写"旅途"的反义词？为什么没有把"人生"改写成"死亡"？为什么不把单复数互换？你应该这样开始："在你那些死亡停下的结尾……"。

他：我要努力尊重原文的韵律。而且你也不需要不惜一切代价地找反义词，否则出来的句子太恶心了。

她：是你自己说的，反义越多越好。

他：你看啊，我写了我觉得可以的反义词。如果你不满意，你完全可以开始你自己的项目。写你自己的《凡剧》吧。不要抄袭我的就可以。

她：我有一个更好的想法。我写的文字标题将是《神曲》。

他：啊？

她：一篇紧紧跟随你的作品的文字，可是说的事情完全相反。我会这样开始："我走过我们人生的一半旅程，却又步入一片幽暗的森林，这是因为我迷失了正确的路径。"

他：等一下。可这完完全全就是但丁写的啊！

她：那又怎么样？

他：这可是实打实的抄袭！

她：没看出来你怎么会有这么愚蠢的想法。我一点儿也没有抄他。我只是写了你的文字的反义。每一行，每一段歌节。

复杂的婚姻

律师：法官大人，2012年12月10日颁布的第219号法令，修改了《民法》的第74条款，将"同源亲属和血缘关系"解释为"同源亲属和血缘关系包括婚内亲子关系，婚外亲子关系以及子女被收养的情况（编号12G0242）。"

法官：正确。

律师：这是神圣不可侵犯的条款。现在，我的两位委托人，阿达（Ada）和阿尔多（Aldo），他们之前结了婚，可后来离婚了。他们两个孩子的权利是受到法律保护的，对吗？

法官：当然了。

律师：好。情况是这样的，我的两位委托人均想在第二场婚礼中和对方的父母之一结合。更确切地说，艾达

（Ada）女士想和芝诺（Zeno），阿尔多（Aldo）先生的父亲（丧偶些许年了）结婚，而这位想和佐伊（Zoe），她的母亲（她也丧偶些许年了）结婚。

法官：如果您的委托人离婚手续是通过法律认可、盖章通过的，我不觉得有任何问题。

律师：很高兴能听到您这么说。而我却发现了好几个问题。首先，自己母亲的（第二任）丈夫的父亲是（法律上的）爷爷，由此可以推出，如果我的委托人艾达和芝诺结婚，她就自动变成了自己（法律上的）奶奶。同样可以推出的是，她还是自己（法律上的）孙女。更能具体推算出，她会是自己的曾曾奶奶、自己的曾曾孙女、自己的曾曾曾奶奶、自己的曾曾曾孙女，等等等等。同样地，自己父亲的（第二任）妻子的母亲是（法律上的）奶奶，如果我的委托人阿尔多和佐伊结婚，他就自动变成了自己（法律上的）爷爷，也就是自己（法律上的）孙子，还是自己的曾爷爷、自己的曾孙子，等等等等。

法官：这确实是一个非同寻常的情况。

律师：再者说，艾达会变成阿尔多（法律上的）的母亲，也就是他的前夫，同时是她的曾奶奶、她的曾孙女、她的曾曾曾奶奶、她的曾曾曾孙女，等等等等……同时阿尔多自然是艾达（法律上的）父亲，也就是他的前妻，同时是他的曾爷爷、他的曾孙子……

法官：诸如此类。请说重点。

律师：法官大人，我担心的正是这个"诸如此类"。第77号条款声明，法律"不认可六服之外的亲属和血缘关系"，并且第572条款声明，在死亡的情况下遗产的继承顺序"不包括超过六服的亲属关系"。总而言之，如果我的两位委托人结婚，他们自动变成不超过但同时也超过六服的亲属（一个人是另外一个人的，每个人都是自己的）。由此我们可以得出什么结论？

法官：让我思考一下……

律师：而且我们不要忘了，我的两位委托人的两个孩子。或许我应该说，我们不要忘了他们（法律上的）父母。这其实很显然，正因为艾达和阿尔多是自己（法律上的）的爷爷奶奶，他们的女儿，贝亚（Bea），就会自动变成两个人（法律上的）母亲、曾奶奶、曾曾曾奶奶，等等等等，而儿子，布鲁诺（Bruno），会变成他们（法律上的）父亲、曾爷爷、曾曾曾爷爷，等等等等。因为自己父母的母亲是奶奶，这意味着贝亚也会自动变成自己的奶奶，同时也是曾曾奶奶、曾曾曾奶奶，等等等等，以及曾曾孙女、曾曾曾孙女，等等等等。同样的情况也适用于布鲁诺。由此可以推出贝亚和布鲁诺都会变成自己的曾爷爷奶奶、自己的曾孙子孙女等等等等。我们怎么搞清楚继承顺序的问题？

预见可能性

他：又一条关于一个神视者（veggente）的消息……

她：又有一个人说自己可以预见未来？我不明白人们怎么能持续相信这些鬼话。如果我有预见能力，做的最后一件事情就是四处宣扬了。我会查看一下第二天的证券行情表，看哪些股票会升值，我今天买入，然后在正确的时刻卖出。

他：或许神视者更利他……总之这位有些不一样。

她：是那些看到过去的人？我发现也有这类人：他们为你找祖先，帮助历史系的学生，或者满足人的好奇心。这里面也有很多可以讲的。如果我真的可以看到过去，法院早就招我进去了。你知道依靠我的能力有可以解决多少悬案？

他：是的，是的，当然了，这些我都同意。这次的人却不属于那些普通的神视者。她看不到过去也看不到未来。

她：哦，挺好。那她做什么？

他：她说自己可以看到可能性。

她：这是什么意思？

他：当你看未来或者过去的时候，你会在时间里前后移动。当你看可能性的时候，这么说吧，你是在相对我们的世界的一边移动，用菲利普·迪克（Philip Dick）的形象比喻来说，就是探索一个可能的世界，也就是我们的世界本可能发展的方式。

她：我可以理解未来神视者和过去神视者，因为这些事情是真实存在的（也许不是现在，可是一个将会存在，另外一个已经存在）。但可能性神视者去哪里看呢？不要告诉我可能的世界和现在的世界同样存在。如果它们真的存在，那么这位神视者如何"探索"这些世界呢？

他：我其实觉得他们这种情况更简单，而不是更难理解。说到底，要想说事情本可以发展成什么样子，只需要有一点想象力就行了。

她：当然了，如果一个未来神视者说她自己看不到未来，只是想象未来的样子，大家会觉得受到了欺骗。可是如果那个可能性神视者比较诚实的话……

他：如通知所说："一切你本可以成为的和你还有机会成为的——用手触摸你的可能性。"

她：你知道我想说什么吗？我准备去拜访一下这个可能性神视者。她不仅很诚实，而且她肯定不会和我讲一些荒谬的话，比如说我本来有不同的父母，或者我本来会是一只企鹅，又或者我本来是一个奇数。或许有了她的幻想，我能发现从来没想过的关于我自己的事。

他：例如？

她：我不知道。正因为如此我才想去！

时间停止器模型

她（推着一个有轮子的小凳子进来，上面还有三四个彩色小灯、天线和突出的电线）：虽然超过了预期时间，测试版2.0原型还是在今天做好了。

他：你想说我们有了一台新的时间机器？

她：是的，这个真的很不一样，有一些新功能。

他：呃，前几个也不赖啊，想想堤麦克斯（Timecs）、沃拉哲（Volage）、莫雷蒂·鱼雷（Moretti Siuro）、时钟变速器（Clockotronics）……

她：我知道，现在竞争很激烈，我还知道时间的事（Zeitding）和德尔塔时空（Delta Chronos）。自从时空旅行开始流行后，所有的跨国公司都开始制造它，像我这种手工小店只能为了找到利基市场（nicchia di mercato）而创新。同时，你也知道的，我们特别会做微模型。别再沉迷潜水服、高压灭菌器、离心机、伪宇宙飞船、支革扶手椅等等了，这里我们只留下精华：核心旅途。反王旅行时间也短，只需要一些时间导航的指令就够了。而且整个发动机都可以包含在车轮中。

他：你想把它叫什么？

她：时间停止器。

他：啊，好吧。这无法让人直接联想到时间旅行。停止器？

她：这个名字和它的新功能有关。我给你好好解释一下。传统的时间机器有一点像发条车：你可以在地面上朝后拉到你想要的位置，一旦你松手，就出发了。旧型号的时间机器可以把你带到——比如说——恺撒遇刺之日（Idi di marzo）[①]，可是你到了那里后，时间会如往常一样流逝。

他：嗯，当然了。这就是时间游客想要的：去恺撒遇刺之日，然后以叛徒接近尤利乌斯·恺撒（Giulio Cesare）的景象作为背景自拍一段视频。如果你想拍下过

---

① 即三月十五日，恺撒遇刺之日为三月十五日。（编者注）

去的事件，你就要生活在其中，也就是要在那里度过一段时间。

她：当然了，当然了。可是我发明了一个新功能。你可以选一个时间点，比如2017年10月10日7：31：28，然后时间停止器会把你送去那个瞬间。

他：到此为止还没发现什么是新功能。

她：是的，可是当你到达目的地，你可以把机器设为循环模式。

他：也就是说？

她：循环功能可以反复让你回到这一天的7：31：28。时间重新开始流逝，可是这台机器，岿然不动，再把你带回去。就好像总是把发条车放到出发的位置。

他：哦，真好。它不仅可以让你时间旅行，更能让你稳定地待在一个时间点！

她：没有人想过这个，可是如果你可以在时间中旅行，那么加上循环功能的话，你还可以在时间里静止。当然了，机器要保持开动的状态，所以有一些过热的问题，不过这个问题我们肯定能解决。

他：你刚才说这是测试2.0版的原型？

她：我上个月做好了测试1.0版，但没有告诉你，因为我当时不确定循环的稳定性。后来在准备测试2.0版的时候我把1.0版送到了未来，用来收集一些数据。我在里面还放了一只实验小白鼠……

他：实验小白鼠……到底你把谁当实验小白鼠了？我的天呐。

她（突然移动了几步）：快点，我们一秒钟都不能浪费，已经快九点十五了……还差三秒、两秒、一秒，到了！

（这个瞬间出现了一个有些圆润的并发出嗞嗞声的时间停止器，还有一个紧紧拴在小凳子上的猫。猫很快开始变得苍白，眼看马上就要失去形状。她伸出一只手臂，在猫消失之前按下了暂停键。机器和猫稳定了下来，嗞嗞声变成滑音消失了。）

他：原来塔克西在这里！快，连上说话猫。

她：好了。塔克西，能听见吗？怎么样？

塔克西：你们真是白痴。

他：唉，等等，这和我没关系。

她：唉，这位姑娘，注意你的语言。发生什么了？

塔克西：没什么。

她：什么叫没什么？

塔克西：没什么就是没什么。

他：那你为什么对我们态度这么差？

塔克西：你们想一想。你们把我送去了未来的一个时间点，然后用那个该死的循环功能把我稳定下来。我去了周五晚上9:15，并被困在了那个时刻。你们猜我看到了什么？我看到了你按下了暂停键想要结束循环，就是你刚刚做的动作。

他：实际上，你在周五晚上9:15停留了一个月。

塔克西：多亏你还记得关掉循环，不然我还得在那里再留一个月。

她：这是当然的！一个在时间里静止的物体（或者一只动物）会完全改变游戏视角。从它的角度来看，一切都停止在我们把它困住的那一刻：它只能看到相同的事情，如果它看到一只正常运转的手表，表会总指向是一个时间（对于你来说就是9:15）；而对我们其他所有人来说，这个物体（或者动物）是转瞬即逝的，只生活在9:15那一刻。

他：这一切都有什么用呢？

她：测试2.0版本型号有一个新功能，循环之循环（LoopyLoop），出发去提前选定的时刻之前，让时间提前几秒钟开始。这个功能非常有用，可以让我们很好地从各个角度观测事件，比如恺撒遇刺（Cesaricidio）。下一次试验会在人的身上。你要去吗？

他：唔……我们再看吧。我想先知道，比如说，塔克西，你觉得无聊吗？时间对于你来说流逝吗？

塔克西：正如你每次问我那些哲学问题一样，我的回答非常简单，可是你听不懂。简而言之，我会告诉你我的经历就像站在没有边缘的超环形带表面，周围围绕着四个半瓶去极化的克莱恩。你自己决定吧！

最高的峰

她：你拿着那个桶在干什么？

他：我想要增加勃朗峰（Monte Bianco）的海拔。

她：用一个空桶？

他：当然了。今天我已经打了两百桶水。

她：可是我们还在海边呢。你怎么去勃朗峰的？

他：为什么我要去勃朗峰？

她：我以为你想要让勃朗峰长高。

他：有两种方法可以让勃朗峰高度的数值变大。你以为我要把一些东西放在峰顶？不是的，这太累了。我找到了一个更好的方法：降低海平面。

她：什么？

他：没错。现在我去从沙滩上再打一桶水（这是第二百零一桶），然后拿回家倒进面盆里。如果海平面降低，山会变得更高，因为它们的高度是从海平面开始计算的。而且我也不用费劲地把一桶一桶的土带到山峰。如果我降低了海平面，所有的山都会增高，不仅仅只有勃朗峰。

她：可是你倒掉的水会比你想象中更快地回到海里，你难道不觉得自己的项目有点过于宏大？大海一望无际。要是一桶一桶地打水，我觉得你需要几百万年的时间。

他：你错了。尽管只倒掉了一桶水，勃朗峰的高度也会变。虽然幅度很小，这我承认，用你自己的话来说，我的目标不是很宏大。我觉得把峰顶升高一点点就够了，小到几乎注意不到，比一根头发还要小。

她：你为什么这么做？

他（看着表）：十分钟后我们的朋友宝拉（Paola）会登峰。

她：真的吗？

他：我想要这位女士到达欧洲最高的地方。鉴于勃朗峰是现在欧洲最高的山峰，如果她到的时候我去掉了海里的一点水，她会到比其他任何人到过的地方都要更高（我很乐意承认只多了一点点）。

宝拉（上气不接下气状进来）：游得好累！

他：什么，你今天为什么不在勃朗峰？

宝拉：怎么，你怎么又忘了。我明天去。今天是那个讨厌的卢卡（Luca）去勃朗峰，为了表示对他的不屑，我整个早上都在水里。

她：为什么呢？

宝拉：为了提高海平面，这样勃朗峰就会变低一点！

停机时间万岁

他：你不吸烟，真是太有福了。

她：当然。吸烟有害健康。不仅危害你自己，还危害你周围的人。

他：我知道。可是我想说的不是这个。

她：吸烟要花很多钱。你买烟的钱相当于我每年度假了！

他：这也没错。可是我想说的是节省时间。

她：时间？我不觉得吸烟需要多么专注。除了一些特殊情况，你可以点了烟以后继续做手头的事。

他：是的，可是我得先点燃它。

她：我听不懂你的话。

他：我不知道别人，我自己总是在找打火机。我从来都记不起来把它放到哪个口袋里了，而且因为一般情况下我的口袋都是满满当当的，找起来要花好多时间。我觉得那些把打火机放包里的人也有这个麻烦。

她：好吧，我不觉得这是什么问题。

他：这不是问题。我做了些计算。我平均要花8秒钟找打火机。我每天吸一盒烟。所以每天我要浪费160秒在找打火机上。

她：几乎3分钟。

他：没错。1周就有超过18分钟的时间。1个月80分钟。1年就有整整970分钟——16个小时，也就是两个完整的工作日。

她：我的天。所以2年半你就浪费了1个星期的假期来找打火机！

他：正是如此。你算一下我已经抽了25年……

她：我还真的没有想过。我觉得这是一个戒烟的极好动机，我觉得开头我说的两个原因都已经足够了。

他：还有呢。我算出来自己每天平均花4分钟找手机，每年就有整整24小时；每天平均要花6分钟等红灯，一年下来就是36个半小时，1整个工作周。

她：如果你开始这么计算的话就真的没完没了了。

想一想你在超市排队浪费的时间，或者在银行，或者在车站售票点。还有在黑暗中找开关浪费的宝贵时间，以及擦洗眼镜片的时间，调整后视镜的时间，等待从网上下载一个文件的时间……

他：我的天，你说得对。如果算一下总数，我发现整日整日的时间都随风消逝了！

她：是的，但这不是我想说的。相反，你不能把你的人生分解为运作时间和停机时间，然后算后者的总数。你不能这样做，就像你不能把贝多芬（Beethoven）的奏鸣曲分解为有声部分和无声部分，然后把无声部分的时间算总数（或许还想指责贝多芬"编曲"编了这么多无声部分）。

他：你说得对，那会很荒谬。

她：人生是由这两者共同构成的，需要将它们放在一起考虑。你不能把所有的停机时间算在一起；否则你无法活下去。

我就是这样

好了，看到了吗？结束了。如今再也没有什么人可以给这篇文字多加一个字，连一个逗号都不行。我也不行吗？我也不行。否则就是在创造一个我的"新的部分"，而这——请相信我——是不可能的。

我为什么要说这些？或许是因为我很满意这样，若有人胆敢加上他们自己的文字会让我觉得很困扰？或许因为我已经被印刷了，所以我是最终版？或许因为到了现在人们只能给这篇文字的副本加字，也就是作为特殊题词，就像你手中这本，而不是加给我，不是向作为抽象个体或者柏拉图想法的文字？这些都不是。或者，更好的说法是，如果你真的愿意，这些理由也可以都是真的，可这不是我说不可以在我身上再加字的原因。我想说，不能这样做的原因很简单，创造新的部分是不可能的。正如我所说，加上一个词或者一个逗号，相当于创造我的一个新部分。

我为什么说不能创造新部分？你当然可以在链子上加一环，在作品集里面加一幅画，在你的自行车上加一个篮子。可是注意了，这些情况下你得到了一个不同的东西：一个比原来更长的链子，一个更加丰富的图集，一个有篮子的自行车。你加的不是部分：你加的是事物。这些事物变成你最后得到的东西的一部分，但是你不是在创造已有的东西的新的部分。

你当然可以给可怜的布鲁托（Pluto）加上一条尾

巴——这只可怜的狗生下来就没有它；正如你为了更加美观可以把一个小树枝移植到你的盆栽里。可是，请相信我，这也不相当于增加新部分；它们相当于增加一些东西，这些东西可以变成一个整体的一部分，这个整体在实践中进化，经历变化后存活。总之，我不是一只动物，也不是一个盆栽。我是一篇文字。我不进化。我存在。

你当然可以给你的衬衫加一个扣眼，给你的领带加一个节，给你的折纸作品加一条折痕。可我还是要重申一次，所有的这一切都不等于加上新部分。扣眼是洞，一个洞无法承载物体的一部分。所以加上一个洞不意味着增加一个部分（实际上有时候相当于去掉一个部分）；它意味着改变物体的形状。节不是领带的一部分，折痕不是折纸作品的一部分。如果你愿意的话，你可以叫它摄动，表面变更，形态干扰，本体的寄生虫。但是不要叫它一部分。

当然，你可以给自己的茶歇时间加一分钟，给游泳活动再加一圈，给你的职业生涯加一个新的阶段。祝你好运。可是请注意，这仅仅意味着延长这些事件——让它们变得比设定或者比预见更为延展。如果你愿意的话，也可以认为这些事件是时间层面上的延续，这种依赖，延长它们可以认为是加上新部分。这我知道。但这些部分没有被添加到事件中成为其一部分；而是加到了之前的部分。一旦结束，一个事件就成型了，你就无能为力了。你不能给法国大革命加上什么事，或者给巴尔塔利（Bartali）的环意自行车赛夺冠加上什么。总之，我们这样说吧，愿罗兰·巴特（Roland Barthes）恕我冒昧，我不是一个事件，我是一篇文字，虽然我可以承认，是你的阅读给我了灵魂和生命。

这并没有说服你？我知道，我要继续说下去。我应该更加精确，我的辩论应该更加勇敢。更确切地说，我本应该更加精确，更加勇敢。我本来想变得更长，我当然本来想不包含任何错误。可是我做不到，你懂吗？我就是这样，无计可施。你会说我是本质主义者。但是真的无计可施，请相信我。空空荡荡的无，不管你喜不喜欢，不管我喜不喜欢。

文献和致谢

罗伯特·卡扎迪　阿吉尔·瓦其

　　这里收集的所有故事，都已经在《二十四小时太阳报》（Sole 24 Ore）周日增刊的每周栏目《无法逾越的简单》（Semplicità insormontabili）中发表过第一版，标题可能会有一些不同，此栏目的名称承接2004年拉泰尔扎出版社出版的39个哲学故事合集，与这100个新故事组成一体。我们特别感谢阿尔曼多·马萨伦蒂（Armando Massarenti）先生，在他的鼓励下，我们在他责编的《二十四小时太阳报》文化版面发表了我们的栏目，我们同样感谢安娜·吉安路卡（Anna Gialluca），是她实现了第一个合集的构想和出版。他们为第二册故事的筛选贡献了无数的建议和意见。

　　以下是几个格外出众的故事。《Avatar》的一个版本发表在了《二十四小时太阳报》的周末版，但不属于任何专栏。《锡纸女人》《右还是左？》《换车厢》《输掉的诉讼》《隐藏信息》《很难轻视语用论》《别发信息了》这几篇文章源自几年前在意大利《新闻报》

上（La Stampa）发表的故事，附有马泰奥·佩里柯利（Matteo Pericoli）在詹尼·里奥特（Gianni Riotta）和马尔切洛·索吉（Marcello Sorgi）的邀请下创作的插图，切萨雷·马提内发利（Cesare Martinetti）、阿尔贝托·巴布齐（Alberto Papuzzi）和毛里齐奥·阿萨尔多（Maurizio Assalto）编辑协助——向他们表示衷心的感谢。最后，《背景与形象》的谈话发表在《美学杂志》（Rivista di estetica）第43期上，表达对保罗·博齐（Paolo Bozzi）的纪念，他是挚友，是大师，我们会一直缅怀他。

值得一提的还有，《二十四小时太阳报》栏目中的两个故事是基于之前用英文发表的更长篇幅的文章：《游戏规则》，原题为《模式、规则和推论》（Patterns, Rules, and Inferences），发表于《推理：人类推论极其基础》（Reasoning: Studies of Human Inference and Its Foundations），编辑乔纳森·阿德勒（Jonathan Adler）与兰斯·瑞普思（Lance Rips），剑桥大学出版社（Cambridge University Press）；《无动机行动》改编自施普林格意大利（Springer-Verlag）出版的文章《因为》（Because），发表在《思想、价值和形而上学，纪念凯文·穆里根的哲学论文》（Mind, Values, and Metaphysics. Philosophical Essays in Honor of Kevin

Mulligan），安·勒布尔（Anne Reboul）编辑。

对于内容，我们是自己写下文字的唯一责任人，但是从很多种意义上来说，朋友、同事和家人之间的交谈，以及书中读到的内容也给我们以启发。我们努力让笔下的人物交谈时提及主要启发者，但不能做到每次都很明显。这尤其适用于《相对谎言》，它很大程度归功于与迭戈·马可尼（Diego Marconi）的交谈；《终于可以了》是从斯图尔特迪·夏皮罗（Stuarti Shapiro）的诙谐潜意识发展而来；《不法之墙》改编自尼克·埃芬厄姆（Nikk Effingham）和乔恩·罗布森（Jon Robson）在他们的文章《对持续论的分体论挑战》（A mereological challenge to endurantism）（《澳大拉西亚哲学杂志》（Australasian Journal of PHolosophy）第85期，2007年）中介绍的一个思维实验；《延迟反射的镜子》诞生于法比奥·巴基尼（Fabio Bacchini）的一个想法；《不可能的闹钟》和《裁判错误》分别是和朱利亚诺·特伦格（Giuliano Torrengo）与法比奥·帕特龙尼（Fabio Patrone）交谈的成果；《计算捷径》的灵感来自于我八十年代在多伦多报纸《环球邮报》（The Globe and Mail）上读过的一则漫画（可惜我们只记得大概，忘掉了作者的名字）；《换车厢》是从马泰奥·贝里克利（Matteo Pericoli）遇到的倒霉事发展而来；《确保胜利》完全要归功于阿基雷的儿子弗洛里安（Florian）的逻辑思维；《增强坚硬的部件！》来自大卫·穆尔（David Moore）的书《统计学基本实践》（The Basic Practice of Statistics）（弗里曼公司出版社（Freeman and Company，1999年）中的一个例子。有两个例子我们要感谢真正的哲学经典。一是《输掉的诉讼》重新演绎了普罗泰戈拉（Protagora）和学生欧提勒士（Evatlo）讨论的悖论，奥卢斯·格利乌斯（Aulo Gellio）在《阿提卡之夜》（Notti attiche）第五册中叙述过；二是《右还是左？》来自康德众多关于不一致矛盾问题的讨论，尤其是康德就任教授报告《论感性与知性世界的形式与根据》（De mundi sensibilis atque intellegibilis forma et principiis），于1770年出版。最后，《偷窃手推车》，我们中有一个人应该感谢——暂且这么说吧——那个几年前在纽约水牛城（Buffalo）的Tops连锁超市偷了他那辆已被装满未过收银台的手推车的人。最具脑洞，绝对魔性！